NUEVA MEDICINA:

LAS BASES CIENTÍFICAS.

NÉSTOR MANUEL ARAGÓN.- MÉDICO MAT. PROF. J-40561/4.-
HUERTA GRANDE- PROVINCIA DE CÓRDOBA.

MARZO DE 2018.-

LA NUEVA MEDICINA :

EL SER HUMANO, SISTEMA
COMPLEJO ABIERTO.

UNA MIRADA DISTINTA CON
LOS NUEVOS CONOCIMIENTOS.

(NUEVAS POSIBILIDADES TERAPÉUTICAS)

PRÓLOGO:

*(SOLUCIÓN DE LAS AFECCIONES CRÓNICAS y otros problemas de
salud HIPÓTESIS DE TRABAJO.)*

La hipótesis del trabajo sobre los problemas crónicos acerca de los cuales no existe respuesta acertada,como también a muchos interrogantes acerca de las agresiones externas como infecciones agudas y crónicas y otros problemas planteados desde hace tiempo, está basada en el exceso de los radicales libres (ROS y RNS) , circulantes en la matriz extracelular, el que provoca desde los procesos inflamatorios, la inducción de la apoptosis prematura celular o la lisis (muerte) celular, como asimismo los deterioros progresivos que ocurren a nivel del medio extracelular y se traducen luego en los distintos tejidos, como lo veremos luego.

Sus bases subyacentes se encuentran en la multiplicidad de trabajos de investigación en el que se afirma que estos excesos de radicales libres se encuentran primariamente en todas las afecciones crónicas en las que se han investigado las mismas, como procesos intervinientes en el inicio de los problemas posteriores cronificantes y determinantes de crecimiento irregular (cáncer) (1)

En el desarrollo posterior se aclarará la real importancia de éstos, como también los giros de pensamiento necesarios para la comprensión de un modo diferente de pensar el proceso de salud-enfermedad. Es necesario destacar que para ello se requiere de una amplitud de pensamiento y de una mirada distinta a la habitual del campo médico tradicional, de sumar los nuevos conocimientos en biología, física, química, y el indispensable conocimiento del pensamiento sistémico, como también una nueva definición del ser humano como objeto de estudio en medicina. Esta definición, lleva a otro concepto que es el de la salud humana, y una mirada distinta de las afecciones. Hemos ido demasiado hacia fuera del organismo pensado que el mayor problema son los gérmenes,virus,hongos y agentes externos en general, sin pensar enb fortalecer nuestro medio interno, que puede, y creo lo es , mucho más consistente para evitar o disminuir las agresiones externas.

Iremos paso a paso detallando cada uno de los argumentos precedentemente citados, a los fines didácticos y para un mejor entendimiento racional, pero teniendo siempre presente que, como todo en sistemas, el todo es más que la suma de las partes. Su entendimiento podrá parecer ciertamente complejo, y lo es, pero la naturaleza nos ha hecho así, sumamente complejos, lo cual no quita, por la misma definición de sistema, que las soluciones a veces puedan ser sencillas.

Las presunciones de que existen variados mecanismos de producción de los excesos de los radicales libres, se encontrarán a posteriori, dejando sentado aquí que los mismos se pueden producir por el conocido estrés de Seyle, el que puede surgir por los excesos del trabajo , de la vida cotidiana, de los problemas previos, y de una variedad compleja que se asocian , conjugan y entrelazan entre sí. Como asimismo con los excesos en la alimentación contaminada de sustancias tóxicas o no, pero innecesarias al organismo y que sobrecargan su eliminación y se agregan al tejido adiposo cuando el organismo no puede depurarlas, y provocando incluso el creimiento del mismo tejido graso. Otros mecanismos que se suman y asocian a los anteriores son las emociones negativas, que ya han sido vistas como productoras de problemas en varias afecciones (2).- El lugar del organismo donde se producen estas alteraciones no es nada más ni nada menos que el medio extracelular, matriz extracelular o M.E.C. terminología ideada por Pishinger para aclarar las innumerables actividades que ocurren en este espacio al que solamente hace pocos años se pensaba que llevaba nutrientes y se ocupaba de eliminar los deshechos celulares. Cuáles son los mecanismos productores de tales excesos, su número, su variabilidad en importancia y las variadas respuestas con que el organismo responde, son parte del intenso trabajo de investigación que se requiere.

La naturaleza ha producido seres vivos de tal complejidad, que invade nuestro pensamiento y nos sorprende, pero así estamos hechos, como seres sumamente complejos. Hasta ahora hemos respondido a la presentación de los problemas con respuestas químicas y orgánicas, y hasta hace un tiempo nos ha parecido suficiente. Pero la aparición de cada vez más problemas crónicos sin respuesta nos ha llevado por un lado a un callejón sin salida aparente, pero por otro a los interrogantes de repensar en términos de la complejidad de cómo estamos hechos, y ésta parece ser la solución a los problemas denominados hoy crónicos. El estudio de los sistemas complejos abiertos parece darnos la respuesta. El objeto de trabajo de la medicina, el cuerpo, ya no parece darnos respuestas satisfactorias, por lo que integrar la complejidad como seres vivos es la solución a muchos de los aparentes interrogantes sin respuesta hasta ahora para los problemas crónicos en especial, pero también parece serlo para todos los problemas de salud que el ser humano padece.

Para aclarar en pocas palabras, la medicina ha dado hasta aquí, con este enfoque, lo mejor que puede dar en soluciones a problemas de salud: la cirugía, la terapia intensiva, los trasplantes, las soluciones a infecciones, las vacunas, y varias cosas más, pero se ha estancado desde hace más de medio siglo o más en el freno de lo que hoy se denomina "epidemia del siglo" que son las enfermedades crónicas. Veamos las causas y de qué modo lograr soluciones prácticas a estas afecciones:

En primer lugar, el objeto de estudio, enfocado solamente en el cuerpo humano y abandonar lo esencial de la complejidad del mismo, y frenado asimismo a pesar de los avances en el conocimiento de la biología de los seres vivos. Y en el mismo nivel, el enfoque bélico de la medicina, que ha dado sus resultados, pero no más de lo que ha logrado. La idea de que el cuerpo es atacado por organismos patógenos, por agentes externos químicos, físicos, biológicos y de todo orden, ha dado resultados pero se ha frenado frente al aumento progresivo de los problemas crónicos.

Ambas cosas son las que deben cambiar para el logro de las soluciones a tales problemas, por un lado el objeto de estudio debe ser ampliado a todo el ser humano como tal, como sistema abierto y complejo a la vez, y aprender que los síntomas que aparecen no son más que una manifestación del lenguaje corporal que aparece como aviso de que algo no está

4

funcionando adecuadamente. Entender a las afecciones como una señal de cambio es, amén de la complejidad del ser humano, la segunda clave para el logro de las soluciones, como veremos más adelante. Si bien los agresores externos existen, el estado normal y con las defensas adecuadas para éstos parece no estar adecuadamente enfocado. Aunque la complejidad de los sistemas abiertos nos indica que nunca un solo factor puede ser quizás el que desencadene una respuesta hacia su desmejoramiento, algo que siempre deberemos tener en cuenta, pero también que, al decir de I. Prigogine, hasta el aleteo de una mariposa puede desencadenar un huracán, la inversa también existe, por lo que pequeños cambios en el sistema pueden devolverle su mecanismo regulatorio de la complejidad.

El mayor de los problemas consiste en la ausencia de investigaciones relacionadas con la intensiva producción de más de cien mil químicos nuevos desde la segunda revolución industrial, y el conocimiento de que habiendo estudiado unos diez mil, sde han hallado potenciales riesgos para la vida actual y futura en unos cuatro mil. El conocimiento de que en las últimas décadas se ha producido una merma de aproximadamente un cincuenta por ciento de espermatozoides en los hombres supuestamente normales, la elevada tasa de problemas crónicos, las alteraciones sexuales en los humanos y en otras especies mejor estudiadas, nos indican el camino errado de la medicina actual, sumado a otras consideraciones como el que una gran mayoría de investigaciones apuntan que los procesos crónicos, incluido el cáncer, pasando por las afecciones cardiovasculares, diabetes y alteraciones llamadas de autoinmunidad, como la esclerosis en placas y otras, los primeros indicios de la aparición de los mismos se encuentran en el medio extracelular, aún antes de su aparición . Esta óptica distinta del hombre y sus procesos de sanar y enfermar, nos lleva a una nueva dimensión del origen de los problemas, múltiples y complejos, pero observables en el mejor atractor del sistema humano. Llevamos al lector a los estudios que anteceden este escrito (3-4-5), que no son los únicos, pero quizás los de mayor peso a la actualidad. Pero, sin duda, estamos frente a la amplia posibilidad de actuar sobre los orígenes y el lugar más preciso de las afecciones crónicas y las soluciones, al menos las intentadas permiten avizorar la gran posibilidad abierta a la experimentación de un campo profesional poco explorado, donde la dinámica compleja juega el primer papel y nos permite dar soluciones prácticas a los complejos problemas de hoy en salud.

REFERENCIAS BIBLIOGRÁFICAS

1.- Ver Marco Teórico.

2.- Trabajo citado por Salvador Minuchin en "Técnicas de Terapia Familiar." Ed.Paidós, 1988.-

3.- Semillas Peligrosas, Jeffrey Ssmith, Ed.Atlántida, año 2006.-

4.- El Veneno Nuestro de Cada Día, Marie-Monique Robin, Ed. de la Campana-Tierra Viva, año 2012.-

5.-La Epidemia Química, Ed.Integralia, año 2012.-

L-

EL "NUEVO "OBJETO DE ESTUDIO DE LA MEDICINA:

EL SER HUMANO

Dado que, aparentemente, las definiciones pueden ser notadas como contradictorias desde el punto de vista filosófico, las que daremos a continuación y serían en realidad, las pertenecientes el objeto actual de la medicina, la simplificación que se hace al dividir la persona-ser humano en un cuerpo, mente y espíritu, y terminar por lo que la ciencia puede atrapar como tal, termina siendo el cuerpo el objeto real, dejando de lado la mente para la psicología y la psiquiatría que terminan como poco científicas, y el espíritu, sólo esencia, no individualizado por la ciencia, se deja de lado, y es tema de fe, de religión o de todo aquello que no signifique ciencia.

Sin embargo, a la luz de lo que hoy se conoce, a través de los avances dados por Ilya Prigogine dando entidad de "sistemas abiertos "a los seres vivos, los determinados por la Teoría General de los Sistemas con Ludwig Von Bertalanfy y los siguientes, como asimismo los nuevos conocimientos en biología dados por los avances logrados en el conocimiento más profundo del rol que juega el medio extracelular en los seres vivos, y en el ser humano en especial, es lo que da un giro copernicano al objeto real de la medicina.

Antecedentes:

Veamos en pocas líneas acerca de los conceptos previos de "persona "como objeto de la Medicina:

a) El concepto de "persona "en la Investigación Clínica (1) en el escrito realizado en 2002, se desarrolla en primer lugar al concepto dualista de Platón (alma-cuerpo), el monista (Marx-Sartre-Marcusse) como especie que vive en sociedad (reduciendo el concepto a la coporalidad), y el personalista, donde "persona" desarrollado por Aristóteles, con el cuerpo y alma, y Proecio que define como "individuo de naturaleza racional "·Al fin definen los autores el concepto como "la totalidad del *ser humano pensante, en libertad y con psiquis y cuerpo, expresión del espíritu encarnado en el cuerpo".*

b) *En otro trabajo (2) La Persona como Sujeto de la Medicina",Eric Casell la define como "individuo humano corpóreo, determinado, pensante, sensible, emocional, reflexivo y relacional que hace las cosas".*

Hasta aquí, parece ser una concepción del hombre como un cuerpo donde se integran funciones de diverso orden, pero en la práctica de la ciencia, que se ajusta a los conceptos deterministas, y en un marco epistemológico de la fenomenología individual, donde solamente queda como objeto de estudio el cuerpo, dejando a la psicología (eventualmente a la psiquiatría) y a la religión, aquellos campos donde la ciencia formal metodológica impide evaluar la integralidad del ser humano.

Los nuevos conocimientos de la biología, la física , la química, permiten concebir al hombre como "un sistema abierto e inestable" de acuerdo a la definición de Prigogyne (3), y permite introducir el estudio a través de la Teoría General de los Sistemas (4), y de acuerdo a ello, el hombre, como el resto de los seres vivos de la naturaleza como lo conocemos, implica no solamente el cuerpo, sino también todo aquello que lo integra ("psiquis", emociones", "relaciones", "sentimientos", y dentro de una sociedad donde se inserta y el hábitat donde se halla, permitiendo así integrar el estudio del hombre en relación con (con qué y con quiénes), y es, en fin, subproducto del todo donde se halla inmerso.

En definitiva, el nuevo objeto puede definirse como " <u>sistema vivo, organizado, con divisiones funcionales didácticas y límites dados, pero inseparables del medio, de sus relaciones con otras personas del entorno, y resultado de su educación, experiencias y vivencias. Como tal, inestable, parte del sistema más amplio social, ambiental y con interconexiones relacionales (energéticas y otras) que deben estudiarse."</u>

Aunque la definición pueda aparecer como simple, la posición flexneriana de la medicina debe expandirse a estos nuevos campos, y comprendemos no es una sencilla tarea.

SISTEMAS ABIERTOS INTERCONECTADOS (figura)

EL SER HUMANO PUEDE ESTUDIARSE COMO UN SISTEMA ABIERTO

- En el entendido de sistema como una unidad formada por componentes organizados, que interactúan entre sí y el entorno, intercambiando materia y energía.

- Es también un sistema formado por diferentes subsistemas, por lo cual constituye un sistema **HETEROGÉNEO**.

EL CONCEPTO DE SALUD.-

O.M.S.: Estado de bienestar físico, mental y social de las personas.

Ahora bien, aclararemos dos conceptos que se confunden, por su precariedad en la acepción como en la ausencia de una clara definición por partes de políticos y profesionales de la salud pública. Uno es el de salud que es confundido frecuentemente con la atención médica (siendo que ésta forma una parte de la misma, pero no el todo). Y el otro es el malogrado concepto de Atención Primaria de Salud, confundido con lo que es en realidad el Primer Nivel de Atención en la Atención Primaria (ver def. punto 6.). Estas malogradas interpretaciones confunden y por otra parte no aclaran debidamente el real significado.

Volvamos a la definición de Salud Humana: Es el bienestar integral de las personas, íntimamente vinculadas con la sociedad en la que viven y sus relaciones, con el hábitat donde se hallan, y de las que dependen en gran parte. Conforma una clara concepción de la salud integral de las personas y su entorno, y con las mediaciones que se establecen en la comunidad donde viven, siendo la educación el pilar sobresaliente donde se asienta la salud, y donde el ser humano aprende a ser responsable de su propia salud, por lo que deberá aprender a discriminar y reflexionar acerca de lo que corresponde a su integridad como tal y comprendiendo que el entorno y las relaciones que establece pueden ser tanto beneficiosas como nocivas para su bienestar. En definitiva, atiende a una concepción sistémica de la naturaleza humana, como ser vivo racional, emocional, sentimental y en permanente búsqueda interior.

Como tal, este bienestar está impregnado de los pre-requisitos que fueran dados en la carta de Otawa (5) : paz, educación, vivienda, alimentación suficiente y completa, recursos sostenibles, ingresos suficientes, justicia social, ecosistema estable, equidad, . Y que depende también de las condiciones sociales, económicas, como de las propias conductas y comportamientos, con autorresponsabilidad.

Se agrega a continuación desde la página 1 a la no. 20 de la Tesis presentada para la Maestría en Salud Pública en el mes de junio de 1996, que contiene muchas referencias a estos conceptos, como también el interés por introducir la

Terapia Familiar en la atención médica del Primer Nivel de atención, y que contiene muchos aspectos de la teoría de los sistemas abiertos. : (copia textual). Dejamos constancia de que estos conceptos , expuestos en 1996, corresponden a un momento en que aún quien lo realizó, no conocía más que la necesidad de un enfoque integral, y sin los conocimientos actuales de la fisiología, física, química y del funcionamiento sistémico de los seres vivos, dado que se presentó la inquietud y con el intento de enlazar el pensamiento lineal con el sistémico, elemento poco comprendido, y no bien aclarado en su momento. Los conocimientos a la fecha permiten aceptar que no se haya comprendido lo suficiente en ese momento, como asimismo observar que no ha sido lo suficientemente completa por estas razones.

INTRODUCCIÓN. (Tesis Maestría en Salud Pública, Fac.de Medicina Universidad Nacional de Nordeste, Junio de 1996 " Una propuesta Alternativa al Modelo de Atención Primaria de Salud Comprehensiva de Merceniér. El Proceso de Salud-Enfermedad Como Vía de Acceso a la Solución de Problemas en el Sistema Familiar y Grupal")

"En la medida de que, en nuestra actividad profesional nos enmarcamos en una propuesta disciplinaria definida y nos dedicamos de lleno a ella, los huecos estructurales que encontramos, tanto desde el punto de vista teórico como práctico, no aparecen como de nuestra incumbencia.

Pero en cuando como no solamente prestadores de un servicio determinado, sino también desde la óptica puramente personal del sentido de nuestra existencia, nos proponemos reflexionar acerca de tales carencias,aparece a nuestra vista la necesidad de ampliar el campo de observación y los necesarios cuestionamientos a nuestra praxis.

Así observado, en el campo específico de la medicina, nuestra formación ha sido enmarcada puramente en la propuesta mecanicista y lineal del pensamiento formal.

Es evidente que el intento de trascender la propuesta de formación no es ni mucho menos un lecho de rosas. Por el contrario, lleva a la necesidad de ampliar el campo de conocimiento, indagar en sus orígenes epistemológicos, y llegar hasta el fondo,donde se encuentran los Supuestos Básicos Subyacentes (6). En definitiva, sobre cuáles con los valores sobre los que asentamos nuestros conocimientos científicos.

Desde la propuesta disciplinaria formativa especfica de la medicina infantil, ha sido necesario, indagar el monto de la participación psicológica en la enfermedad, en primer lugar, con la posterior inquietud de que la existencia del campo relacional, es decir, el modo y la forma en que las personas nos relacionamos es, si bien de reciente investigación, de suma importancia y participación en los procesos de sanar y enfermar. De allí al estudio de la sociología médica,en el campo de la salud pública, y el encuentro de una farragosa y discutida multiplicidad de marcos teóricos, modelos y propuestas disciplinarias.

Estas breves reflexiones contienen dos lineamientos previos: uno, la inquietud inicial y el proceso de la indagación, a fin de la necesaria presentación del marco teórico, y, el otro, la propuesta de llevar, a quienes se interesen, a las bases conceptuales en que se asienta.

Así veremos el modo de cuestionamiento de Thomas Mc Kewon, en pimer lugar (7); posteriormente la indagación acerca de la Terapia Familiar Integracional (8), proceso que en su inicio aparece como una ruptura con el pensamiento científico positivista lineal, por sus diferentes bases episatemológicas. El posterior proceso de coordinar ambas líneas de pensamiento, si bien puede resultar un proceso arduo, permite una apertura en el quehacer médico con sus amplias posibilidades en su enlace e integración.

Surge así, posteriormente, la necesaria búsqueda de los diferentes modelos en salud, reflexivo proceso que encuentra un campo disciplinario, como el de la salud pública, en pleno debate no solamente acerca de sus paradigmas, sino icluyendo sus palabras claves.

Ello nos lleva a <u>intentar desarrollar un modelo integrador, al menos en el campo teórico; esta es la propuesta de la presentación del proceso de salud-enfermedad, intentado abordar la familia como línea de acción para la intervención sobre los problemas de salud, tanto individual como de la salud pública.</u>(subrayado actual). Los fundamentos teóricos y metodológicos son

14

desarrollados. El problema de la intersección de las dos líneas de pensamiento son también abordadas, planteando, asimismo, las delimitaciones de los campos del conocimiento científico.

En lo que se refiere al modelo de atención primaria de la salud, básicamente intentaremos introducir un eje epistemológico distinto, al menos en cuanto a su integralidad se refiere. No estamos convencidos que médicos con formación organicista puedan llevar a la práctica con efectividad, un centro integral basado en la prevención, lo que significa, en otros términos, el mantenimiento del bienestar. Si éste fuese el caso,superando tal duda,es altamente probable tengan escaso margen para el bienestar general, cuya complejidad intentaremos tomar en parte.

Las mayores dudas, que enfatizan acerca de las definiciones claves, como salud, salud pública, aspectos sociológicos de cambios poco probables, por quedar en el marco político decisorio, son también presentadas..

Bajo el convencimiento de que los estudios teóricos,si no pueden ser llevados a la práctica, carecen de valor, por lo que consideramos necesario aclarar los supuestos básicos subyacentes como una de las posibilidades de apertura hacia la praxis cotidiana.

CONCEPTOS CLAVES- DEFINICIONES:

Consideraciones Generales:

Una de las motivaciones de las diferencias, aunque por supuesto las principales, es la imprecisión terminológica de los conceptos que se vierten en el terreno de la sociología y la salud pública. Aunque no dudamos que el motivo principal son los supuestos básicos subyacentes y sus consecuentes juicios y apreciaciones valorativas, que hacen el enclave postural de las observaciones y posteriores metodologías de trabajo. Pero ello implica una mayor razón para el logro de una mejor precisión terminológica, lo que permitirá un debate más claro de las diferentes posturas.

Ninguna ciencia es pura, todas, en mayor o menor medida, se encuentran impregnadas de valoraciones que hacen a los juicios sobre los que asentamos nuestra visión del mundo real, nuestra concepción, mitos y creencias; no apreciar ello configura uno de los errores que inician interminables discusiones "científicas" que nunca acaban; ello no es precisamente malo o perverso per-se, simplemente es necesario conocer el problema a los fines de evitar discusiones estériles. Se trata de los denominados "supuestos básicos subyacentes" (Lorenz Arnaiz)

Esto fundamenta la necesidad de la precisión terminológica de los conceptos claves a utilizar.

SALUD:

La Organización Mundial de la Salud (O.M.S.), define a la salud como "el estado de bienestar físico, psíquico (y espiritual), y social de las personas". Estamos de acuerdo con ella, pero esta concepción tiene dos aristas que la colocan en duda: el "bienestar" conforma una expresión emotiva, de percepción individual, y, desde el punto de vista positivista, no lógica, consecuentemente no atrapable a los fines metodológicos de estudio. Esto hace que se recurra frecuentemente a indicadores intermedios, como tasa de mortalidad, natalidad, y nuevos indicadores de difícil interpretación como años de vida potencialmente perdidos, ganados,años de vida sin discapacidad,etc., todos los cuales adolecen de sesgos cuando se trasplolan a la categoría de "bienestar". Por otra parte,esta definición contiene el aspecto individual y social, pretendiendo desconocer aspectos claves del bienestar (o malestar) de las personas, tales como uno que intentaremos abarcar posteriormente, encerrado entre paréntesis en la definición, porque no lo incluye, que consideramos de importancia, correspondiendo a las relaciones íntimas de las mismas, de cuya influencia remarcaremos por considerarlo que debería ameritar una redefinición de la salud.

Luego veremos que muchos aspectos imposibles de categorizar, al menos por el momento, de la manera clásica científica en la medicina, por no ser medible o atrapable, terminamos por desconocerlo, aunque lo tengamos tan cerca nuestro que terminamos por obviar su presencia. El mejor de los ejemplos es el de las relaciones humanas, y más específicamente en nuestro ámbito familiar, que compartimos desde que nacemos. En este caso veremos posteriormente su importancia, la imposibilidad fáctica de la metodología clásica como vía demostrativa, y enfatizando la importancia de su obviedad.

Desde la expresión de "bienestar/ y hacia la línea de sus indicadores intermedios, se insertan múltiples aspectos y terminologías netamente valorativas, apareciendo variadas visiones de la realidad con pensamientos subyacentes, algunas de ellas fuertemente contrapuestas. Es conocido que cualquier herramienta técnica que se utilice, tanto en su interpretación, metodología, definición, etc., nunca es inocente, y siempre responden, de algún modo, a un paradigma determinado, sobre el que subyacen valoraciones de índole personal, técnico y social. En sociología aún pesiste la discusión, en referencia a salud, la tesis de unificación metodológica de las ciencias con el correlato de su neutralidad valorativa, y la opuesta crítica rdical, desde distintas fuentes; de aquí parte la concepción tecnocrática y la alternativa del significado conceptual de la salud.

Sumiéndose un poco más, desde el mismo concepto de normalidad, encontraremos sus distintas valoraciones: estadística, natural e ideal. Y es desde la medicina donde se observa con mayor claridad la valoración, desde lo que se considere como "modelo "de normalidad.

Y es desde esta definición, pequeña, pero no por ello simple, sumado a los rápidos avances científico-técnicos, y la consecuente subdivisión de los campos de conocimiento, de donde parten las numerosas líneas de enfoque de la salud. Desde lo físico, lo psíquico, y social, sus combinaciones, de acuerdo al paradigma que lo sustente. Así observamos cómo, desde Alma-Ata, en 1979, persisten las discusiones sobre qué se quiso decir referente al significado de atención primaria de salud. La misma, o parecida desorientación ocurre en salud pública, donde se plantea cuál es su verdadero rol, a pesar de haberse llegado a un acuerdo básico en la "Carta de Ottawa" para la promoción de la salud,adoptada durtante la Primera Conferencia Internacional sobre la Promoción de la Salud, en noviembre de 1986 (las condiciones fundamentales o prerequisitos básicos para la salud son: paz, educación, vivienda, alimentación, recursos sostenibles, ingresos, justicia social, eco-sistema estable y equidad), (pág.191-192,Terris, Milton).

Por supuesto, la psicología no escapa a la confusión, como tampoco la psiquiatría, damos por conocida la multiplicidad de enfoques y resultados, por *lo que obviaremos su discusión, aunque sería de suma utilidad en un trabajo específico.*

Una excepción al debate epistemológico lo constituye la medicina empírica positivista, aunque progresivamente se percibe la aceptación o consentimiento, casi a su pesar, de que más allá de los físico,existen los denominados "factores de riesgo" sociales, psíquicos, familiares conductuales,que influyen sobre la salud y la enfermedad. Excepción tampoco inocente, que responde al modelo biologicista, antropocéntrico, que poco a poco va mostrando sus desgarros.

Definimos, entonces a la salud, como "el bienestar físico, psíquico, social y espiritual de las personas"; es decir, el "bienestar integral" de las personas. No podemos entenderlo de otra manera, porque caeríamos en una división parcialista o en un simplismo sin salida. Tal definición nos convence que complejiza aún más los intentos de determinar las dimensiones y categorías necesarias para su estudio con la metodología postivista. Sin embargo, proporciona otra dimensión la idea de que la salud es un fenómeno social, grupal e individual inseparable; cuando se realiza de tal manera, deberemos aclarar sus fines y también sus limitaciones, aclarando las determinaciones posteriores y resultados obtenidos a la luz de las mismas.

Mención aparte merecen los esfuerzos que se realizan en el campo de la atención primaria de la salud, de lo conocido a la actualidad, el Modelo de Mercenier parecería sr el más adecuado a los fines de la consecución de la Meta SPT-2000; probablemente, acerca de la comprehensividad de la atención y el postulado de su alta probabilidad de ser motor del desarrollo, son los aspectos que mejor ameritan una aclaración, por la alta posibilidad de evidenciar falencias en la aplicación de sistemas sociales de diferente complejidad.

SALUD PÚBLICA.-

Sumamente interesante el contenido casi completo de "La Crisis de la Salud Pública : Reflexiones para el Debate."(9): una clara exposición de la indefiniciones que creemos se desplazan desde el mismo concepto de salud. Si observamos atentamente la exposición final de Carlyle Guerra de Macedo, caeremos en la cuenta de la existencia de un amplio campo, farragoso, en el que se desprende asirse de la definición de Terris, ampliación tomada por Winslow (10), para no caer en completa oscuridad. La contribución de Mario Testa, si bien compleja, aporta alguna luz, como tantos otros que demuestran preocupación por el problema específicos de la crisis. Tal crisis, requiere de una mayor amplitud de observación, previo a tomar la salud pública como unidad de análisis: algunas son tomadas por C.G. de Macedo. En todo, parece existir una carencia fundamental, que es la referente al debate epistemológico del crecimiento y desarrollo humano, y más específicamente al significado y sentido del ser humano y, consiguientemente, la humanidad toda.

Existen ya claras evidencias que el desarrollo económico nacional o regional ,es un mito fenecido en la fe puesta en la esperanza del progreso; por el contrario, en muchas regiones ha llevado aún mayor inequidad e injusticias, aumento de los indicadores de violencia, etc..Y podríamos enumerar hasta el cansancio numerosos ejemplos de ello (11). Entonces cúal es el enclave, el nudo epistemológico en que halla alguna posibilidad de solución?. Todo indica, o por lo menos así lo parece, que el problema fundamental es la concepción del ser humano: claro que puede soslayarse diciendo que es tema de la filosofía o de la religión, no de la ciencia. Ya hemos observado que ninguna ciencia está en forma pura, alejada de estos menesteres, por lo tanto, de alguna manera, aún rudimentaria, debe enfocarse con claridad qué queremos, y aún más profundamente, cuál es el sentido de nuestra existencia.

Al abarcar la variable " ser humano ", aparece alguna luz en cada una de las diferentes definiciones de la salud pública. Retomaremos, al tratar la propuesta específica, nuestra concepción del desarrollo humano, a fin de evitar repeticiones. Por lo pronto, adherimos a la propuesta por Milton Terris en su definición consecuente con la propuesta: "Salud Pública es la ciencia y arte de prevenir la enfermedad y la discapacidad prolongando la vida y promoviendo la salud física y mental eficientemente, a través de esfuerzos comunitarios para el saneamiento del medio, el control de las enfermedades infecciosas y no infecciosas, así como los accidentes, la educación de los individuos en principios de higiene personal, la organización de servicios para el diagnóstico y tratamiento de las enfermedades y la rehabilitación, y el desarrollo de la maquinaria social que asegurará a cada persona en la comunidad un estandar de vida adecuado para el mantenimiento de la salud". (4, pág.187-188).

A la definición anterior , debe adherise la Carta de Ottawa, nov.1986 (5).Basta leer los pre-requisitos para caer en la cuenta de la amplitud del término " Salud Pública ", y, por supuesto, "salud "referida al campo individual. Es que el problema fundamental de las diferencias recae sobre el objeto de estudio, y éste no es tan preciso para definirlo con claridad, y tampoco puede descontextualizarse. A pesar de pensar y repensar acerca de los términos,nunca tendremos muy claro si salud es parte inseparable del todo, o si es todo y parte a la vez.

DESARROLLO (HUMANO)

Es claro que poco puede hacerse en salud sin la existencia clara de un desarrollo económico;pero ya hemos visto anteriormente que este tipo de progreso, si no es acompañado de otros requisitos, como justicia , equidad, educación, etc., nunca traen per-se un mejoramiento a la salud. Existen numerosos escritos sobre el tema, pero siempre, al volver la mirada a la realidad, los contrastes se convierten en una bofetada a las exposiciones teóricas. Decíamos en líneas anteriores sobre el tema de la inseparabilidad del objeto de estudio. Lo mismo vuelve a plantearse aquí: si no se acompaña de un proceso conjunto que incluya a la educación dirigida no solamente a una adpatación social, sino verdaderamente como motor o eje del desarrollo hacia un proceso de crecimiento del hombre.

Nos remitimos a las expresiones vertidas en relación al desarrollo en el Modelo de Merceniér (12), en las que, por lo menos, remarca que, inicialmente, requiere de un desarrollo "económico y social", pero permite pensar que se trata, en general, del desarrollo económico no solamente como requisito inicial; no trata, por otra parte, las cuestiones axiológicas que debieran aclararse en cuanto a este punto.

También son interesantes las expresiones vertidas por C.G. de Macedo (9, pág.237-243) donde expresa la visión neo-liberal del proceso en desarrollo, como expresión absolutista y unificadora de una realidad que parece presentarse sin antagonismos en sus aspectos valorativos: por lo mismo, no deja *de mencionar un llamado al Estado, de quien exige "darle finalidad al desarrollo". Esto nos deja observar con mayor claridad que las expresiones que se vierten cuando el término utilizado en salud pública parece ser éste (económico). Si realmente es el caso, tal desarrollo no resulta más que un medio y no un fin en sí mismo.*

Como vemos, lo que debe evitarse es lo que al menos ocurre en nuetro país actualmente: la confusión de los medios por los fines, es decir, el desarrollo económico como un fin en sí mismo, olvidando su consistencia mediadoría para el verdadero desarrollo; viejo puntal de la civilización, hoy carente de sentido si ocurren desvíos o atajos, con el despojo secular de los verdaderos valores del hombre en proceso de desarrollo.

_Conceptualizamos desarrollo, entonces, como el proceso complejo, articulado por la educación, salud, psicología, sumado a las cualidades físicas y espirituales, dirigidas a la creación y recreación del verdadero hombre pensante, racional, y con enraizados valores permanentes éticos, fundados en el amor, la caridad, la misericordia y la justicia.

Como se podrá observar, volvemos, como al plantear el bienestar en salud, a tomar términos de ninguna manera atrapables o medibles científicamente; no obsta ello para plantear al menos, la dirección y sentido (significado), que le damos al desarrollo. La posición frente a la vida, por lo general, no congenia con la ciencia, ni tampoco pretende coquetear con ella: por el contrario, es la ciencia la que debe buscar la manera de acercarse. Es, entonces, desarrollo humano, específicamente, conciencia de la humanidad, trascendiendo la finitud individual, aquí y ahora con el pasado a cuestas.

(Lo que sigue a continuación, continúa conformando parte de la tesis presentada, quizás no sea atinente a la proposición expuesta en el inicio, pero se cita igualmente, en razón de componer parte del cuerpo de la misma, y a fin de poder observar, asimismo, la complejidad de los marcos sociológicos en la salud, en este caso la salud pública, por lo que creo conveniente completar el texto, y comprender, también que la salud y la atención médica, parte de la misma, es un bien formulado para todas las personas.)).

ATENCION PRIMARIA DE SALUD:

Salvo algunas claraciones, nuestra postura es de adhesión plena al concepto de atención primaria comprehensiva (APSC). De las citas del Dr. Alfredo G. Zuria, entregadas en mayo y junio de 1992 , *"Planificación de la Atención a Partir de la Demanda"*, refiere estar basada en los principios de Organización de la Atención Médica desarrollados por el Dr. Pierre Mercenier y sus colaboradores en el Instituto de Medicina Tropical de Antwerpen, refiere que *"el enfoque comienza a partir de la demanda"*, y define al Centro de Salud como *"el punto de contacto entre el sistema de atención médica y una población definida a la que se proveen servicios INTEGRALES de Atención Médica. La especificidad de este punto está dada por su* capacidad de relación con la población *(subrayado propio), y no por características técnicas de la atención. Define, asimismo, a la comprehensividad como "la consideración de las personas en el Centro de Salud en todas sus dimensiones......supone que el personal debe ser capaz de relativizar las actividades de atención médica en el contexto de los temas que preocupan a la gente"*.

Enumera, también, las características de la atención, los aspectos técnicos son desarrollados,como los recursos a tal fin; de estos puntos, es tomada posteriormente la *Guía de Evaluación del Centro de Salud* (12). Posteriormente,en *"Evaluación de un Servicio de Primer Nivel, comienza : "el modelo Mercenier de Centro de Salud o Primer Nivel , asume una hipótesis no fácilmente testeable, que podría enunciarse como sigue: si un servicio de primer nivel provee un paquete de atención médica comprehensiva, continua, integral y fácilmente accesible favoreciendo la participación de los usuarios, la autodeterminación y la autorresponsabilización,* esto representa la forma más útil de favorecer el desarrollo económico-social, *(del cual depende en última instancia la salud - subrayado propio), y controlar las enfermedades de la población, racionalizando al mismo tiempo la atención hospitalaria, aumentando su eficacia y eficiencia, y por ende el sistema de salud"*.

Tras la observación de las diferencias con el enfoque de atención primaria selectiva(APSS), y el de medicina social, enfatizando que *"reposan sobre un trasfondo ideológico y paradigmático que suele escamotearse tras una validez científica endeble"*, dice a continuación: *"Por ello, el modelo Mercenier, debe ser considerado operacional en testeo" de una estrategia, y no un fin: la Atención Primaria Comprehensiva"*.

Es en consonancia con estos términos, como también con el denominado "Proyecto Euroamérica Salud 2000" (12), sus objetivos y proyectos relacionados, especialmente el referente a la "descripción de la formación", pág.8 ,punto 3 de la investigación-acción,lo que nos lleva a la presentación de la sugerencia de los cambios que se presentan, como un modelo intervencionista que creemos de mayor eficacia, a aplicar con estrategias distintas en momentos difíciles para una gran parte de la población en general.

Descreemos, por inoperancia y estar contrapuesto a la concepción de desarrollo, de toda otra manera de formular la atención primaria. Estamos de acuerdo, de igual modo, que tal formulación, debe ser "para todos". Por ello, hemos hecho dos acotaciones marginales: no estamos convencidos que el modelo pueda llegar a ser "motor o eje del desarrollo, cuando contempla la educación integral, la psicología y la religión, solamente de soslayo, olvidando la cuestión central en el desarrollo de la humanidad, con alta posibilidad de volver a confundir los medios con los fines (la salud en sí misma, podría ser solamente un medio?). El otro aspecto, es el de la comprehensividad, variable ésta que requiere siempre de tiempo, nunca suficiente cuando se trata no solamente de aspectos curativos, sino que implica ayuda, consuelo, apoyo, contacto,y, en suma , "dar", que postulamos central al pensar sin recibir, en un medio hostil como la sociedad liberal y de intercambio en la que estamos inmersos. Para ello, al menos en nuestro país, el médico no está formado, ni mucho menos dispuesto; incluso el mismo modelo contempla poco el factor tiempo y formación académica.

O debemos repensar un nuevo mecanismo formativo más integral, y aún así, se deberán integrar otras personas de cierta calificación a los fines de cubrir las carencias observadas, como luego veremos en la presentación de la alternativa. O toda teoría que no contemple las posibilidades quedará en dicho plano, abstraída de la realidad, archivándose en los cajones del olvido.

SALUD PARA TODOS 2000

__En los inicios del último lustro en el largo, debatido, remanido y arduo camino al siglo XXI, (1996),dejando de lado los adelantos tecnológicos y de confort para la humanidad, por estos momentos solamente para la menor parte de ella, el legado referente a los objetivos, también discutidos y sin conclusiones aparentes, de Alma-Ata, al parecer dejará mucho que desear pensado en términos de tiempo y cantidad de tareas a desarrollar.

Una larga serie de avances y retrocesos en las metas acordadas, en consonancia con las oscilaciones de las políticas decisorias, sumado en la actualidad al fenómeno de la globalización, especialmente el el campo económico, y polémico en el terreno político, farragoso y oscuro en el terreno axiológico y de otras variables que por conocidas no han significado que se alcance su control, al menos desde el campo de la salud pública. Y en esta área específica donde aún persiste la necesaria clasificación desde su definición, alcances, perspectivas, modelos, indicadores, etc.

Acordamos que el incipiente campo científico de la salud pública, requiere necesariamente de debate, por la forma de construcción del conocimiento, pero lo pernicioso para los objetivos fijados, es la insistencia y persistencia desde la terminología (salud, salud pública, atención primaria de la salud, modelos de atención, etc.), cuando el tiempo parece ya haber fenecido para aquellos procesos, y los diferentes modelos de atención primaria deberían estar rindiendo riguroso examen en la evaluación de sus resultados.

Un problema adicional, aparentemente, deriva de lo anterior, en referencia a los diversos mecanismos evaluatorios, diferentes para cada uno de ellos, por su diferente también ,enclave epistemológico.

Estamos convenidos que el mayor "nudo epistemológico", por llamarlo de alguna manera, se encuentra en el término "salud". Que, al igual que el tema central, lo tomamos en otro tópico.

Precisamente, una de las intenciones en la presentación de esta variante en la atención primaria, es, por los desacuerdos terminológicos por las diferencias en sus supuestos básicos, fundamentalmente en el tema de los límites y la posibilidad de abrir la tendencia a la reunificación de los campos del conocimiento, que sabemos carece de inocencia y de necesario debate.

Sin embargo, será el mismo tiempo el que acotará la discusión; ni las personas que hoy carecen de salud, ni los niños que mueren por un sinnúmero de enfermedades "prevenibles", ni aún las luchas sobre la equidad ni el futuro debate sobre quiénes deberán recaer las responsabilidades en el próximo siglo, *podrá eludir nuestra propia responsabilidad; todos aquellos que decimos conocer los problemas, que teorizamos, intentamos (y a veces lo logramos), soluciones parciales a problemas parciales, en una pretenciosa actitud de querer vaciar el mar con una cuchara. Que la mayor responsabilidad se encuentra en el ámbito de la política, que el fenómeno de la globalización, la deshumanización generalizada que incluye el acto médico, etc., no son más que verbalizaciones de dicotomías de perogrullo, que terminan a sabiendas en el mismo callejón sin salida.*

El modelo que se pretende presentar, al menos en sus variantes, que lo sabemos imperfecto, que requerirá correcciones en el curso de la investigación-acción, trata, en lo fundamental, de la reunificación , insistimos del conocimiento en lo general: otro aspecto que creemos fundamental que podrá ser puesto a prueba por decisión política o por ONG en ámbitos de inequidad o de otras variables axiológicas negativas para la fracción de población piloto, condiciones   desfavorables   de   otros   órdenes,ambientales, culturales,educacionales,etc. Previamente, reflexionando acerca del tiempo, la razón primaria trata de que el año 2000 nos encontrará sin haber logrado las metas acordadas; nada indica lo contrario. Por ello, el legado a dicha fecha debería ser, al menos, contar con procesos favorables en plena marcha, para mostrarnos a nosotros mismos, o los que quedemos, que el ser humano pensante en crecimiento es capaz de imponerse a nuestro primitivo instinto irracional; en una palabra, que nos encontramos en camino de poder llamarnos "humanos"..(redactado en 1999, estamos año 2018 y no solamente persisten los problemas sino que hay un desmesurado aumento de los mismos.)

Las guerras, las drogas, la alta mortalidad por accidentes, alcoholismo, suicidios, tabaquismo, violencia familiar, enfermedades y secuelas producidas por estrés, etc, hacen hincapié en la responsabilidad colectiva e individual, y éste es otro de los temas fundamentales a considerar. Enmarcado en la educación, en qué medida ésta es capaz de contribuir al crecimiento personal o a la esquizofrenia colectiva e individual. Corresponde en otras palabras a la contribución de la conducta personal al proceso de Salud-Enfermedad.

EL PROCESO DE SALUD-ENFERMEDAD. (PSE): definición,descripción y explicación)

Los avances logrados en los últimos treinta años en los diversos campos del conocimiento, hacen a una mejor comprensión, pero también a una mayor complejidad. Desde la concepción del hombre en contexto, el hombre social-histórico, aparece en el campo de la sociología su estudio bajo la teoría de los sistemas complejos; en psicología, la aplicación de los conocimientos sistémicos en variadas formas y enfoques. Así, de manera parecida, surge el concepto del proceso de salud-enfermedad, en el marco teórico de la epidemiología social, que lentamente, va imponiendo su validez teórica y práctica, en el marco paradigmático donde se da.

Aún persiste el debate entre el determinismo e indeterminismo, el orden y el caos, el azar y la necesidad. La "teoría liberal", en palabras de Friedrich von Hayek, es la única filosofía política verdaderamente moderna y la única compatible con las ciencias exactas; en la economía de mercado , como en la naturaleza, el orden nace del caos: millones de decisiones e informaciones conducen no al caos, sino a un orden superior, ello viene a colación sólo con la finalidad de mostrar cómo, doscientos años después de su nacimiento, la teoría liberal encuentra su sustento científico a través del conocimiento sistémico, a pesar de cuestionar él mismo la amoralidad del sistema. Motoo Kimura, en biología, con su teoría neutralista, en plena discusión con las teorías darwinista y neo-darwinista, apunta, también ,en la misma dirción (9).

Tal como puede observarse, de manera panorámica, en diversas áreas van surgiendo nuevas ideas y teorías, que pareciesen confluir; en lo referente a salud, el marco teórico del proceso de salud-enfermedad, implica pensar la problemática de la salud y de la enfermedad, no circunscripta al individuo, sino en el medio ambiente donde se desarrolla y actúa y la consideración de las relaciones entre este conjunto y la sociedad amplia donde se inserta. Como también que la salud y la enfermedad no son entidades antagónicas, sino que constituyen un conjunto de valores y disvalores que se presentan en las personas, tomando la forma y la dinámica de un proceso.

Proceso que se da en un contexto histórico, complejo,en situación de fragmentación,dependencia, incertidumbre y conflicto.

-Histórico, porque se da en situaciones de conflicto entre las distintas fuerzas sociales, con equilibrio inestable, en un momento de entrecruzamiento de

variables, que podrán o no volver a repetirse, aunque nunca en el mismo momento. Es decir, puede, una vez identificadas las variables, repetirse,pero el momento será posterior, ello justifica la necesidad del complejo estudio de las mismas.

-Complejo, por el mismo proceso social donde se inserta, requiriendo de pruebas de ensayo y error,tal como se vivencia la vida misma, con la construcción de hipótesis y teorías de carácter trans-disciplinario, estudiando sistemas de problemas, con precisión más que medición, bajo la epistemología de la complejidad e incertidumbre (integralidad por la gran cantidad de variables de diferente intensidad y velocidad,incluso con discontinuidad.

-Fragmentación,dado que el segmento de la realidad en estudio se encadena con el proceso social, de variables de diferente intensidad y velocidad,incluso con discontinuidad. En palabras simples, se fragmenta el objeto de estudio, tomado de un sistema mucho más complejo,donde observaremos luego, en un estudio esquemático de los sistemas complejos,que se requiere un enfoque parcial de la realidad con el objeto, tomando pocas variables de estudio, las que consideramos más significativas. En palabras de Watslawick, tomamos variables "reductoras de complejidad". (13)

-Dependencia, de variables fuera de su dominio, es decir, la ocurrencia de fenómenos que escapan a la observación del campo específico de la salud, por pertenecer al sistema más amplio, el social. Aquí intervienen, a los fines de ejemplificar, accesibilidad, recursos humanos, financieros, económicos, el peso social relativo de los actores intervinientes y los destinatarios finales.

-Incertidumbre,característica básica de los procesos políticos y sociales, su causalidad y participación y su magnitud relativa en la misma, dentro del proceso de salud-enfermedad.

-Conflicto, que se da tanto dentro como fuera del sector salud, tanto en la asignación de recursos, objetivos políticos, establecimiento de prioridades, en dependencia con los valores , aspiraciones y capacidades de cada sector social.

Sentimos aquí, el deber de seguir las citas de P.L. Castellanos (14), para hacer notar que "la descripción y explicación de la situación de salud- enfermedad no son independientes de quién y desde cuál posición describe y explica;aspecto crucial para la comprensión del predominio de determinadas concepciones y cómo se modifican. Si bien la forma de percepción fenoménica posee la potencia movilizadora de fuerzas sociales,son los actores quienes las desarrollan y promueven en función de la eficacia social en relación con los propósitos,sean estos proyectos sociales o técnico-científicos. El predominio de las formas de pensamiento dependen del desarrollo metodológico y científico-técnico,con la consecuente mayor capacidad de ocupar espacios sociales relevantes, capaces de demostrar a otros actores la mayor capacidad de resolución de problemas (14). " Es claro, por lo menos en los últimos tiempos en nuestro país, que el mayor peso depende de la última posibilidad a que hace mención Castellanos; el primer argumento, de no darse el segundo, carece de valor real.

<u>*Descripción y explicación de "problemas"de salud-enfermedad.*</u>

   Salvo algunas modificaciones, la descripción correponsde a P.L. Castellanos: pero dadas tales, no estamos seguros de que el resultado pueda ser el mismo. Muchas de las dificultades en la comprensión de términos que toman un segmento de cierta complejidad, con una concepción sistémica, suelen ser, por lo menos al principio de su estudio, de cierta dificultad para su comprensión en su verdadera dimensión: el mayor de los problemas radica en la metodología habitual de nuestro modo de pensamiento lineal. El acostumbramiento a la reflexividad y recursividad, permite una mayor aplitud perceptiva a tal fin.

   Hemos dejado en claro que al proceso de salud-enfermedad debemos entenderlo como proceso dinámico con un continuum oscilante sin antagonismos, dependiendo de los hechos que intervienen y sus variables, que determinarán un resultado en cierto momento que se analice. Estos hechos ocurren en diferentes dimensiones, que son clasificadas como "niveles": singular, particular y general. El análisis debe efectuarse en cada nivel a los fines de su esclarecimiento y evaluación de las posibilidades de abordaje y limitación de los resultados, en función del nivel desde donde actúa. Veamos:

   1) <u>Nivel singular: (o "epidemiología del quién ", o nivel individual):</u>
     Corresponden a flujos de hechos o fenómenos dados por las condiciones individuales de la existencia, a nivel de la reproducción biológica: nacimiento,crecimiento y desarrollo del niño y desarrollo posterior del

adulto a nivel individual, las variables intervinientes corresponden al área individual, dadas fundamentalmente en función de los procesos genéticos, biológicos, con un enfoque secundario al tratar variables de mayor amplitud (factores de riesgo) ; en otras palabras enfoca solamente los atributos individuales. Por tal motivo, las áreas de estudio son la medicina, la psicología individual, la religión, interactuantes con la educación individual y la cultura. Los mejores desarrollos teóricos y metodológicos con evidentes resultados a la vista, corresponden a estas áreas; **pero , observando los últimos veinte años, existe un práctico estancamiento del progreso científico en este nivel, como si hubiesen llegado al límite y se requiriese de nuevos enfoques para su evolución:** claro está, esto último no deja de ser meramente una impresión, por otra parte intencional; pero vale la pena expresarlo y aclararlo. (Corresponde al sistema "ser humano")

2) *Nivel particular (o "epidemiología del qué, o nivel grupal).*

Corresponden claramente a las condiciones sociales de existencia; es decir, las variaciones que ocurren entre grupos sociales en una misma sociedad y en determinado momento. A estos momentos hace referencia la clasificación didáctica en tres momentos: a) la de los procesos de reproducción social de las condiciones económicas asumiendo el papel que éstas determinan en el proceso de salud-enfermedad. b) los procesos de reproducción social de las condiciones ecológicas, dadas por el o los estados del medio ambiente, motivados por diferentes causas, en las que se incluyen las modificaciones producidas por el hombre mismo, y en qué medida repercuten en un momento dado en las condiciones de salud. c) el de los procesos de reproducción social determinados por la conducta y la conciencia humana,en los ámbitos grupal, familiar e institucional.

Cada uno de los diferentes momentos,tienen determinantes políticos, económicos, culturales y ecológicos, referidos a los procesos grupales,comunitarios locales y en el ámbito familiar. En el aspecto comunitario, las condiciones de existencia,dadas por los > "factores de riesgo": en lo familiar, los aspectos referentes a las conductas y comportamientos de las personas, en los que se incluyen las variables *individuales. (Corrresponde al sistema grupal familiar , relacional en general)*

3) *Nivel general (o "epidemiología del cómo" o nivel social):*

Flujo de hechos que corresponden a la sociedad en conjunto, por lo que puede diferenciarse como la epidemiología del "cómo" ocurren en general, los problemas de salud, es decir, el amplio marco social: es el nivel de las políticas decisorias, sumadas a factores externos complejos. Campo amplio de la cultura,educación, de la política y economía, por lo tanto, condicionante estructural por excelencia de los niveles previamente citados. En este nivel es donde la epidemiología social, como marco teórico del proceso de salud-enfemedad,enfatiza con razones de origen, de natalidad conceptual en sentido metafórico, pero sin dejar de marcar que los mayores desarrollos metodológicos se encuentran en el nivel singular.

Observando con atención los tres niveles , el siguiente enmarca al anterior, siendo "determinante "de él, dadas las variables intervinientes en el nivel que se delimita; a su vez, inversamente,éste es "condicionante" del anterior, por razón de que, si bien no puede determinar algún flujo de hechos o fenómenos, pueden condicionarlos, en cierto modo, permiten un pronóstico limitado de resultados del proceso de salud-enfermedad.

De este modo, los niveles externos, contienen variables "determinantes" y los niveles internos, variables "condicionantes" de hechos o fenómenos del proceso de salud-enfermedad. Igualmente, coexisten reglas y leyes con diferencias de acuerdo al nivel que se tome y acumulacions (stock) o formas de organización que se observan y conservan diferencias. En síntesis: a) flujo de hechos y fenómenos, b) reglas y leyes, y c) acumulaciones o formas de organización en cada uno de los niveles previamente mencionados, con variables condicionantes internas y determinantes externas.

Si bien, esto es lo que hasta aquí hemos encontrado descripto, tanto en el marco de la epidemiología social y en algunas otras lecturas de corrientes similares, posteriomente estableceremos,tal como en uno de los escritos brevemente se ha observado, pero no suficientemente aclarado, que el proceso de salud-enfermedad, continuo desde el nacimiento de las personas, contiene un elemento de confusión y distracción a la vez: la referencia a la recursividad de los fenómenos.

Así veremos al tratar el marco teórico, que la concepción sistémica de la recursividad, de apariencia simple, contiene elementos de cierta complejidad como la conceptualización de "punto nodal", o ' PS" de Roussell, coincidente con lo que Paul Watslawick denomina "reductores de complejidad", a los fines del logro rápido de cambios, incluso súbitos. Esto quiere decir que, tomando algún elemento de cualquier nivel,incluyendo alguno de inocente apariencia, con su manipulación, puede lograrse un cambio de complejidad y de nivel, con inversión de la determinación de flujos de hechos, produciendo a posteriori un cambio en el marco del proceso de salud-enfermedad. Esta concepción toma tanto al nivel 1,2, o 3. A la fecha, el reductor de complejidad en el organismo parece ser el medio extracelular y el tejido adiposo, y la ocurrencia a este nivel de los proceos mediadores del denominado "estrés oxidativo".

Por último, los niveles dados (teóricos, cambiantes; pero de utilidad práctica), en sí mismos, logran cierto espacio, determinado por las variables intervinientes, que P.l. Castellanos denomina "espacios de variedad posible", dentro de los cuales ocurren los tres momentos menconados anteriormente.

ESQUEMA CONCEPTUAL DEL PROCESO DE SALUD-ENFERMEDAD (NIVELES):

SINGULAR   PARTICULAR   GENERAL

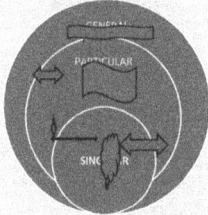

Las flechas indican hacia el interior "determinantes", al exterior "condicionantes". Los espacios marcados en cada espacio son los denominados "espacios de variedad".

Nivel singular: orgánico (biología), sisitema neuro-endócrino-inmunoógico., mente y espíritu (como se considere a lo que va más allá de la mente)

Hasta aquí, podemos observar la compleja articulación del objeto de estudio complejo que significa el ser humano, la deficiente concepción de la salud y los problemas que de ella se derivan cuando se trata del proceso de enfermar y de su recuperación y demás. Se ha venido articulando y mezclando una concepción social del hombre con la percepción parcializada de la medicina, lo que complejiza las posibilidades de discernir acerca de qué estamos hablando en cada sector.

Definir al ser humano en su complejidad y sus imprescindibles factores accesorios requeridos para completar su integridad y su integración,con las relaciones, sean humanas (familiares,grupales, sociales) sean laborales, tránsito, todas las vías mediadoras que hacen a su vida, y sumado a su percepción de la cultura, ideales y su propia percepción de la realidad, hace a una visión más amplia y a la vez compleja del ser humano en relación, ya que no existe el ser humano aislado. Tal como una hormiga es inseparable del hormiguero, el hombre íntegro va asociado al todo, lo que incluye al medio ambiente donde vive, respira, se alimenta, y todo su entorno. Hasta ahora, desde la medicina, se ha pensado al ser humano tomando solamente su cuerpo, lo físico, observable, y dejando de lado los aspectos tan centrales como la fracción a que se le han dedicado siglos desde la medicina occidental, y dejando la psicología, psiquiatría, lo espiritual, las relaciones a campos divididos e incluso dentro de lo físico se ha sectorizado de tal modo, que existen ya hasta subespecialidades, lo que impide ver al ser humano viviente como es en la realidad. Que la abundancia de conocimientos en los los aspectos sectoriales conforme quizás una necesidad, ello impide ver la totalidad del ser si no se lo tiene en cuenta, y en su complejidad sistémica, lo que permite, muchas veces, lograr soluciones más practicas a los problemas de la salud humana. La integración con los nuevos conocimientos es una necesidad para la comprensión de los mismos, sin quitar los conocimientos actuales. Ello permite, sin duda, entender desde la complejidad, la salud humana, la concepción definitoria de la misma, la salud pública y los mecanismos necesarios para las soluciones prácticas. Que ello sea complejo no impide, sino al contrario , permite encontrar mejores y quizás más sencillas soluciones a los ingentes problemas de la salud humana de este siglo. Incluso, el cambio de la concepción belicista ("anti") a un mejoramiento del medio interno del ser, de los aspectos emocionales, espirituales y relaciones , podrá, sin duda hacer no tan necesaria la química donde hoy se apoya la terapéutica médica, por la obvia razón de la concepción física del hombre.

—————o—————

BIBILIOGRAFÍA

1.- EL Concepto de Persona en la Investigación Clínica: Rev.O.R.L. Y Cirugía de Cabeza y CUELLO, 2002, 62; 101-102.-

2.-La Persona Como Sujeto de la Medicina, Eric Casell,Cuadernos de la Fundación Víctor Grifols i Lucas, Vol.19, 2009.-

3.-Tan Sólo Una Ilusión, Una Exploración del Caos al Orden. Ylia Prigogine. Metatemas, Tusquets Editores, 4ª. Ed.1997.

4.- Teoría General de los Sistemas. Ludwig von Bertalanffy. Trabajos 1930 a 1968.-

5.- Carta de Ottawa Para la promoción de la Salud:, adoptada durante la Primera Conferencia Internacional sobre la Pomoción de la Salud,nov.1986.-

6.-Lorenz Arnaiz,María del Rosario: "Hacia una Epistemología Comparada de las Ciencias Humanas", Edit.de Belgrano,1986,p.138,de Alvin Gouldner (SBS).

7.- Mc Keown, Thomas,: "El Papel de la Medicina",1982, Siglo XX Edit.(ed. en español).

8.- Marcos Bernstein: Tomos I y II Resumen Curso de Terapia Familiar Integracional y Seminarios, años 1989-1990,Prmera Escuela de Terapia Familiar Integracional. Buenos Aires.Argentina.

9.-"La Crisis de la Salud Pública: Reflexiones para el Debate"; Pub.Cient.No.540, OPS-OMS, 1992.

10.-Badgley, Robin: "Hacia un Espacio Potencial"(p.267),según elab. de E. , Granda, Terris M. : "Tendencias Actuales en la Salud Pública de las Américas",(p.192-194 y 247,id.ant.)

11.- Cumbre Mundial Interagencial,1991:"La Salud Materno-INFANTIL,Metas para 1995 e indicadores para el seguimiento,OPS-OMS. "Salud Materno-Infantil: Factors de Riesgo,Leiva L. Y otros (ILAPS),nov.1993,Informe sobre el Desarrollo Mundial 1993. Informe Sobre el Desarrollo Mundial 1993, Invbertir en Salud,res.del Banco Mundial.

12.- Zurita A.G.: : "La Planificación a Partir de la Demanda", "Evaluación de un Servicio de Primer Nivel"., en Cursado de la Maestría en Salu Pública, mayo y junio de 1992,, "Guía de Evaluación de Un Servicio de Primer Nivel",obrantes en Cátedra de Medicina Sanitria,U.N.N.E., Corrientes.Argentina.

13.- Watzlawick,Paul : "Esencia y Formas de las relaciones Humanas",Seminario de Buenos Aires : "Constructivismo, Comunicación y

Terapia Sistémica", 18 y 19 de junio 1994, pág. 1 a 40 (tomado de un trabajo del Mental Research Institute, Palo Alto Group,. , California.

14.- Gómez H.A, Barrenechea J.J.y otros : "Implicaciones para la Planificación y Administración de los Servicios de Salud", universidad de Antioquía, Fac.Nac. de Salud Pública,1990, Anexo II de P.L. Castellanos : "Sobre el Proceso de Salud-Enfermedad", p. 309-321

III.-

TEORÍA GENERAL DE LOS SISTEMAS.

EL SER HUMANO ES UN SISTEMA ABIERTO VIVO.

EL SER HUMANO COMO SISTEMA, OBJETO-SUJETO DE LA MEDICINA.

Posted by: NÉSTOR ARAGÓN | on junio 1, 2016

LA VIDA.-

Sueña el rey que es rey, y vive

con este engaño mandando,

disponiendo y gobernando;

y este aplauso, que recibe

prestado, en el viento escribe,
y en cenizas le convierte
la muerte, ¡desdicha fuerte!

¿Que hay quien intente reinar,
viendo que ha de despertar
en el sueño de la muerte?
Sueña el rico en su riqueza,
que más cuidados le ofrece;
sueña el pobre que padece
su miseria y su pobreza;
sueña el que a medrar empieza,
sueña el que afana y pretende,
sueña el que agravia y ofende,
y en el mundo, en conclusión,
todos sueñan lo que son,
aunque ninguno lo entiende.

   Yo sueño que estoy aquí
destas prisiones cargado,
y soñé que en otro estado
más lisonjero me vi.
¿Qué es la vida? Un frenesí.

¿Qué es la vida? Una ilusión,

una sombra, una ficción,

y el mayor bien es pequeño:

que toda la vida es sueño,

y los sueños, sueños son. (¨Monologo de Segismundo¨ Pedro Calderón de la
Barca)

De tantas definiciones del significado de la vida, desde lo
biológico, filosófico, poético, etc. que se indaguen, ninguna abarca en realidad
el total significado de la misma. La vida contiene en sí una de las más
asombrosas complejidades y encierra los misterios más profundos de la
naturaleza. Podemos comprender cómo se nace, se crece, se reproduce.
Podemos observar que todos los seres vivos tienen también un destino final que
es el agotamiento total de las posibilidades de mantener la energía que requiere
para la continuidad y permanencia del sistema. Sin embargo, a través de los
siglos no se ha podido llegar a la profundidad del misterio, de esa llamada
¨energía vital¨ que inicia y mantiene la vida.

Desde los organismos unicelulares, que hoy sabemos se orientan
y comunican para, en su caso, reproducirse, llegar al alimento, mantener y
regular su temperatura, y todo lo necesario para mantenerse vivos, hasta la gran
complejidad del ser humano , que obtiene la energía de los procesos digestivos
del alimento, y puede llegar a pensar, a contener en sí eso que llamamos mente,
que le permite discernir y avanzar cada vez más utilizando la misma para lograr
mejoras, para intentar reparar, recuperar el equilibrio y tratar de prolongarse en
el tiempo. Su finitud lo ha llevado a múltiples investigaciones, pero como todo

sistema vivo, tiene un proceso de agotamiento del sistema, que lleva impreso desde su origen.

Hoy sabemos un poco más: que la química de nuestro cuerpo contiene y lleva en sí misma a la energía; que ésta no es sólo por los ciclos químicos como el de Krebs, sino que tenemos movimientos electro-químicos y electrónicos que intercomunican a nuestras células, que la tensegridad y la energía vibratoria tienen un papel importante en los procesos vitales. Que las descargas eléctricas de nuestras neuronas no son las únicas, que existen muchas formas de energía contenidas en nuestro ser y van más allá de del cuerpo. Que sin la existencia de los campos de energía los procesos químicos no pueden llevarse a cabo del modo en que lo hacen. En fin, sabemos que los seres vivos son sistemas complejos e inestables y como tales cumplen lo genialmente descripto por Ilya Prigogine respecto a los comportamientos de los sistemas abiertos inestables., y, como dice, abre el conocimiento a los diálogos entre la naturaleza y la vida, de la que es parte.

Es en razón de estos nuevos conocimientos, sumados a muchos más que han aparecido en los campos de la biología, la física, la química. La comprensión de que los genes son importantes, pero que forman parte del todo en el ser, y que la epigenética puede modificar. La aparición de la bioenergía, del uso aceptado de la magnetoterapia (como inicio de la utilización de las terapias físicas), de la utilización de las variaciones de los campos de energía para el diagnóstico, junto a la cada vez más diminuta visión en los estudios, buscando las posibilidades de curación de los problemas crónicos desde la química y desde lo corporal solamente, dejan al descubierto el serio problema que la medicina enfrenta : el ser humano no es ya un cuerpo y desechar la mente dejándola para la psicología y la psiquiatría, sino que debe comprender hoy, la redefinición de lo que es su objeto de estudio : el ser humano, no el cuerpo humano , por ser éste fragmentado para un estudio que hoy se ha tornado insuficiente. El ser humano se entiende hoy como un sistema vivo, y , por lo tanto, un sistema complejo, abierto, inestable, con todas las posibilidades y propiedades que se le otorgan a tales, y también en contexto, relacionado con otros seres vivientes y el medio que lo rodea y alimenta.

La búsqueda de soluciones dividiendo un sistema, destruye lo distintivo de éstos que es la propiedad de que el todo es mucho más que la suma de las partes, y éste es el error conceptual de la medicina de hoy.

El desafío de la complejidad no debe ser un obstáculo a la investigación, sino que, aunque no tan simple, se requieren de nuevas herramientas metodológicas de la ciencia. El campo de la teoría general de los sistemas obliga a encontrar los nuevos caminos. No comprenderlo significa atrasar los conocimientos que la medicina tiene a su alcance, desde la física contemporánea, la química, la biología y la naturaleza misma.

La ingeniería de sistemas viene sistemáticamente "copiando", lo que la naturaleza viene realizando desde que comenzó la vida. Si esa rama de la ciencia lo entiende: ¿ cómo se comprende que la medicina no comience a ver realmente el objeto de su estudio , de sus realizaciones y frustraciones?

LO HUMANO

Gran avance en muchas áreas del conocimiento sobre lo humano, pero DIVIDIDO, COMPARTIMENTALIZADO

Así, la complejidad humana se vuelve invisible: una ignorancia del todo, y un avance del conocimiento de las partes.

En resumen:

PENSAMIENTO SISTÉMICO Y TEORÍA GENERAL DE LOS SISTEMAS:

En pocas líneas se intentará que el lector comprenda las nociones básicas fundamentales de la Teoría General de los Sistemas, dado que abarcar lo que se conoce , ya está escrito y se remite a las referencias (x), para quienes estén realmente interesados para su amplio estudio en sus inquietudes personales. Lo que se intenta es la comprensión del necesario conocimiento para el estudio del ser humano en su nueva acepción.-

A mediados del siglo pasado, Ludwig von Bertalanffy, biólogo investigador,comienza a hablar de los seres vivos como sistemas abiertos y la necesidad de estudiarlos como tales. La teoría se fundamenta en tres premisas :

1.-Los sistemas existen dentro de sistemas. Las moléculas existen dentro de las células (y por fuera también, en los pluricelulares), las células dentro de tejidos, éstos dentro órganos, los anteriores en un organismo, y así sucesivamente.

2.-Los sistemas son abiertos. Esta premisa es consecuencia de la anterior. Cada sistema que se examine,excepto el de mayor valor, y el menor, recibe y descarga algo en los otros sistemas, por lo general en los contiguos. Los sistemas abiertos se caracterizan por ser un proceso de intercambio infinito con su ambiente,constituido por los demás sistemas.

3.- Las funciones de un sistema dependen de su estructura para los sistemas biológicos y mecánicos, esta afirmación es intuitiva. Los tejidos musculares se contraen porque están constituidos por una estructura celular que permite contracciones para funcionar.

Afirma que las propiedades de un sistema no pueden describirse significativamente en términos de sus elementos separados. La comprensión de los sistemas sólo ocurre cuando se estudian globalmente, involucrando todas las interdependencias en sus partes. El agua es diferente del hidrógeno y del oxígeno que la constituyen. El bosque es diferente de cada uno de sus árboles (en resumen: el todo es más que la suma de las partes (x). El cloro, un gas letal, se une al sodio, tóxico, para formar uun elemento esencial al organismo vivo, la sal común, y la que circula por nuestro ser.

Se deduce que existen sistemas cerrados y abiertos, pero los que interesan a los fines de entender su funcionamiento , son los sistemas abiertos,los dados por la naturaleza. Y éstos poseen atributos que les son propios. Tales propiedades las mencionamos a continuación, a fin de ser breves y son: *totalidad,estructura,entropía,sinergia,   finalidad,   equipotencialides, retroalimentación, tendencia a la homeostasis (equilibrio inestable) , morfogénesis, recursividad, información, organización, negentropía, relaciones dinámicas, variedad, variabilidad, viabilidad, frontera, función.*

No puede negarse el aporte de muchos investigadores y en disciplinas distintas que han hecho, que han enfatizado su importancia y afirmaciones que permiten luego trabajar e investigar (método de investigación-acción)

,mencionando algunos como Gregory Bateson, Margaret Mead, los aportes de los modelos matemáticos de Roussell y grupos disciplinarios en terapia familiar como el Mental Research Institute en Palo Alto,Califormia , Don Jackson, Paul Watslawick, entre otros), un argentino , Salvador Minuchin en Filadelfia, como pionero de la terapia familiar estriuctural sistémica estratégica. En Milán, el grupo denominado "Escuela de Milán", con Mara Selvini Palazzoli, Boscolo ,Cecchin, Pratta, conocidos por sus intervenciones paradójicas desde la lógica formal, en tratamiento de los esquizofrénicos especialmente, y con excelentes resultados. Milton Erickson ha dejado su escuela tras de sí con su aporte de la sugestión y la hipnosis. Y muchos diseminados en el mundo., y, en nuesto país, nombramos a Marcos Bernstein, Martin Wainstein y muchos otros, sin dejar de mencionar en sociología a Rolando García (x).

Es innegable el aporte de Ylia Prigogine con la teoría de la complejidad, la introducción de los problemas del azar y del caos, y , especialmente, el estudio de las estructuras disipativas, junto a la irreversibilidad del tiempo.(x)

La cibernética ha hecho su aporte en el sentido de introducir en la teoría general, la concepción de los niveles de complejidad, y la recursividad entre ambos sentidos de las relaciones.

La pragmática de la comunicación humana ha aportado bastante y con los especiales portes de Paul Watslawick (x),formando parte del estudio de las relaciones humanas,enfatizando acerca del estudio intermonádico, necesario incluso para la comprensión de la estructuración de las realidades. Si bien los mayores problemas persisten en la escasa sistematización de los conocimientos, el estudio de la metacomunicación y la ausencia de un lenguaje determinado para su estudio.

Solamente pretendemos asentar la necesidad del estudio de los conocimientos del campo sistémico, para aceptar la complejidad que somos y en la que estamos inmersos,incluso en la creación de realidades, eu la necesidad de un giro epistemológico en el campo de la medicina, con ejes que trascienden el cuerpo, que incluye a la conciencia y a los otros seres y el medio que nos rodea. Este modo de ver a los seres humanos es lo que permite modificar las partes de nuestros sistemas cuando no funcionan adecuadamente, tanto en la prevención como en el tratamiento. . Se pasa de un estudio monádico lineal positivista de la lógica formal a un estudio que Watslawick ha denominado campo intermonádico, que es el estudio de las relaciones que establecemos, las que pueden ser beneficiosas o prejudiciales, del medio que nos rodea. Estudiar los problemas de salud del ser humano desde este punto de vista, amplía el panorama de manera muy amplia y nos permite comprenderlo mejor en su totalidad. Entender cómo prevenir mejor y cómo darles una más práctica solución a sus problemas. No pretendemos darle más tiempo de vida, pero sí que pueda disfrutar mejor de la vida que se nos otorga sin pedirla.

En todos los campos del conocimiento, del cual no escapa la salud, se encuentra el ser social, requiriendo el estudio de los factores educacionales, culturales y sociales (económicos, medioambientales, políticos, etc.) En qué grado y proporción intervienen en los problemas y la infinita variedad de sus combinaciones posibles, hace necesaria la integralidad, encarar su estudio bajo la forma de ´´problemas´´, y su necesario enfoque sistémico y posterior planificación estratégica para su tratamiento individual y social. El análisis de los problemas va a depender del punto particular en que se realice, con las limitaciones dadas a su resolución, pero sin perder de vista el objetivo del crecimiento y desarrollo del ser humano. (x)-

La necesidad de ampliar el campo de análisis de la teoría, ,remite a la bibliografía existente a la fecha. (x)

EL ORGANISMO HUMANO ES UN SISTEMA:

ABIERTO	SISTEMA DEL ENTORNO CON EL QUE INTERACTÚAN REGULA SU METABOLISMO PARA RESPONDER AL ENTORNO
COMPLEJO	COMPUESTO POR UN CONJUNTO DE SUBSISTEMAS (ATÓMICA FUNCIÓN ES LA ORGANIZACIÓN Y EL MANTENIMIENTO DE LA VIDA
COORDINADO	CADA SUBSISTEMA FUNCIONA INDEPENDIENTE EN CONJUNTO CON LOS DEMÁS

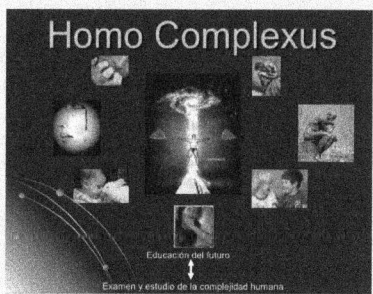

Homo Complexus

Educación del futuro

Examen y estudio de la complejidad humana

La figura adjunta nos hace ver la complejidad del sistma abierto del ser humano en contexto y en relación lo demás, y ampliando el campo, asimismo tiene conexiones con la Tierra, su electromagnetismo, y cómo se entrelazan todos, se imbrincan , se entrelazan, por lo que se comprende que el estudio del ser humano individual es sólo una abstracción mental para poder recortar el campo dde conocimiento, pero sin dejar de tener en cuenta lo anterior.

BIBILOGRAFÍA (X)

- Bernstein, Marcos: *tomos I y II y Seminarios del Curso 1989/90 de Terapia Familiar Integracional, primera Escuela Argentina de Terapia Familiar integracional.*
- Palazzoli, M.S., Boscolo L., Cecchin G., Pratta G.: *"Paradojas y contraparadojas: Un Nuevo Modelo en la Terapia de Familias con Transacción Esquizofrénica "*, Edit.Paidós, 1988.
- García Rolando y otros, en video expositivo de *Investigación-Acción sobre Desnutrición Infantil*, expuesto por el Dr. Jorge Rosé,Módulo Sociología, Tercer nivel Maestría en Salud Pública, U.N.N.E., 1992 a 1994.
- Minuchin Salvador,: *"Técnicas de Terapia Familiar "*, Edit. Paidós, 1988.
- Tolid Jick D : *"Mezclando Métodos Cuantitativos y Cualitativos: Triangulación en Acción "*, Zurita Nilda de, Módulo de Metodología en Investigación, Tercer Nivel Maestría en salud Pública U.N.N.E., Corrientes,Argentina, 1992-94.
-
- Wastlawick Paul: *Ésencia y Formas de las Relaciones Humanas* (ref. 13 capítulo anterior)
- *Teoría General de los Sistemas* : Ludwig von Bertalanffy (1950)
- Eduard Lorenz : *Teoría del Caos* (1963)
- Humberto Maturana ,Francisco Varela: *"Autopoiesis and Cognition: The Realization of the Living "*,Edit. Krugler 1980.
- Norbert Wiener : *"Cibernetics: Or Control and Communication in the Animal and the Machine "*, 1948, 2ª.ed. M.I.T. Press, Cambridge,Massachusetts.
- Harold Morowiz: *" The Mind, The Brain and Complex Adaptative Systems "*, 1995, Ed.J.L.Singer.

IV.- LA MATRIZ EXTRACELULAR (M.E.C.)

NUEVOS CONCEPTOS E IMPORTANCIA DE SUS MÚLTIPLES FUNCIONES, SU MORFOLOGÍA, EL CONOCIMIENTO DE LA TENSEGRIDAD Y LA MECANOTRANSDUCCIÓN . (x)

En las últimas décadas se ha ampliado el conocimiento de la matriz extracelular de tal modo, que, desde la concepción de su función nutricia, vascular, eliminación de deshechos celulares y la circulación de células como los macrófagos y las del tejido conectivo, no se le ha otorgado la real importancia de la multiplicidad de funciones que cumple, dentro del sistema del ser humano, de tal forma que se conocen ahora las posibilidades de conectar las células del cuerpo y órganos a una velocidad aún mayor de la que tiene el tejido nervioso, de tal modo que es este medio el que señaliza lo que debe hacer cada una de ellas a cada instante. Por la MEC circulan las células del sistema inmunitario, finalizan las terminaciones nerviosas del sistema vegetativo, concluyendo y haciendo la función de verdaderas sinapsis, las hormonas, y las células maduras del colágeno, que producen una serie de fibrillas complejas en red que luego expondremos brevemente. Y digo de modo breve, porque los adelantos en este campo son tantos, que al final expondremos la extensa bibliografía a los fines de remitir al lector a las fuentes, dado que el interés final de este pequeño libro es dar a conocer en hilación todo lo nuevo en el campo de la medicina, incorporando todos los nuevos conocimientos, con el consabido cambio de objeto y de pensamiento (de la lógica formal empírica positivista a la lógica sistémica, a los fines de la mejor comprensión del funcionamiento del ser humano en contexto. La necesaria ampliación de la exposición conceptual de la incorporación de éstos, su contenido, origen y significado, corresponden al estudio integral y completo y destinado a quienes serán los nuevos profesionales de la medicina .

Amén de el transporte de oxígeno y elementos nutricios, la MEC cumple como dijimos funciones de eliminación de lo que el organismo no necesita, y transporta, utilizando las fibras colágenas para su captación , transporte y eliminación por las vías linfáticas. Para cumplir estas y las demás funciones, requiere de aplicar siempre una limpieza, necesaria para el cumplimiento de sus funciones, teniendo un ritmo circadiano de alto nivel durante el día y disminuyendo por la noche, función a cargo de la actividad hormonal.especialmente la tiroidea y el cortisol, sumado a las terminaciones del sistema nervioso vegetativo. También, como veremos, las demás funciones que corresponden a los nuevos conocimientos .

Las causales porque no se lo habían otorgado al medio extracelular la importancia que merece, siendo que el peso relativo del mismo es de un veinte por ciento de la masa corporal, rodeando todos los sistemas internos y concatenándolos, a lo que debe sumarse el tejido adiposo, originado en este medio, cuyo peso relativo oscila entre el quince a treinta por ciento, lo que sumados lleva a un treinta y cinco a cincuenta por ciento (35-50 %) del *peso total del organismo, es por los motivos que claramente deja asentados J. Oschmann en su libro(x: Oschman)): La enseñanza clásica de la célula como una bolsa y la discontinuidad con el medio extracelular que le provee los nutrientes y acumula los deshechos, y los procesos químicos imaginados como se producen en estado sólido y de modo azaroso en la multiplicidad de químicos orgánicos intracelulares, y sobre todo, del mecanismo de acople pensado en términos del tipo de ligadura química(llave-cerradura) . Al contrario, nos deja ver que el estado actual de los conocimientos biológicos son de una membrana celular interconectada al medio, como al interior celular a través de canales o microtúbulos de cadenas glucoproteicas, y que llegan a traspasar la membrana nuclear y llegar hasta el ADN, por medio de lo que hoy se conoce como el citoesqueleto, y con aún mayores propiedades.*

La función de eliminación de productos tóxicos de deshecho y de aquellos que el organismo no utiliza, son mediados por una de las familias de fibrillas colágenas que son proteoglucanos, como se los denomina, que las transportan englobadas entre los microtúbulos que conforman con sus cadenas de electrones, y son canalizadas hacia el sistema linfático. Cuando este mecanismo se torna insuficiente, se produce inflamación, acidosis y dolor), sino se pueden acumular en la formación de más tejido adiposo mediado por las hormonas con las que se entrelaza al mismo.Tal mecanismo depende de la inntegridad sináptica terminal de las fibras nerviosas de la MEC y de su comunicación en la MEC y en las células orgánicas.

Es reservorio molecular de proteasas, citoquinas, factores de crecimiento entre otras, para ser utilizadas en su momento. La fáctica posibilidad de variados tipos de MEC, a diferencia de los invertebrados, permite darle al organismo la multiplicidad de funciones: basada en el colágneo, es el principal elemento estructural, de organización, orientación, adhesión celular,migración, proliferación y apoptosis. Los genes de las células de la MEC, los fibroblastos están íntimamente relacionados con las afeciones, de modo interrelacionado con otros tipos celulares, o de modo directo, como en el síndrome de Ehler-Danlos o en la epidermolisis bullosa.,pero hay investigaciones que demuestran su íntima relación ..

La mezcla de proteínas, proteoglicanos y glucoproteínas encontradas y producidas en la MEC, confieren propiedades estructurales a los órganos y tejidos, regulando a la vez immunerable cantidad de procesos celulares, fibras colágenas formadas por las células de la MEC. Estas fibras colágenas, en variedad, señalizan y conforman un extenso red en el medio extracelular y poseen un papel regulador sobre las células, cuyas paredes poseen, de acuerdo a su función específica, receptores para crecimiento, adhesión,muerte celular,invasión, expresión génica y diferenciación. Se observan adecuadamente en los procesos embrionarios, la morfogénesis, angiogénesis y la diferenciación fisiológica. Aunque pueden iniciar también, procesos patológicos cuando se pierde la información, dando lugar a procesos tumorales, degenerativos,inflamatorios y autoinmunes. La estructura pilar y de la mayor consideración está dada por la estructura compleja y especializada de la membrana basal. Compuesta por una lámina lúcida y una densa, y contiene cuatro tipos de glucoproteínas variables según el tejido: lamininas, glúcógeno IV,nidógenos y proteoglicanos de tipo heparán-sulfato. Funciones: adhesión celular,filtro selectivo a la difusión y regular la proliferación celular (clave esta última para la comprensión de los procesos cancerosos). El desarrollo embriológico muestra cómo el medio extracelular le da forma a la membrana basal para la formación de los tejidos. La degradación del medio por las metaloproteinasas producidas por el epitelio y los leucocitos, le dan forma a la membrana basal, originan los conductos,papilas, glándulas y demás componentes necesarios a cada tejido. Tan es así que si se mezclan células mamarias a la mebrana basal de glándulas salivales, a pesar de producir leche las células, la morfología de la glándula salival se conserva, hecho realizado por el estroma glandular. Esta membrana basal interconecta y sostiene, conteniendo moléculas fibrilares en red extracelular: colágenas I,III y V;glucoproteínas tipo tenascina,vitronectina,fibronectina, y proteglicanos (dermatán-sulfato y condroitinsulfato), amén de que el líquido intersticial incluye agua con hormonas,neurotransmisores y otras sustancias a utilizar en cada momento, y también nutrientes y deshechos moleculares y CO2 para su eliminación.La vitalidad de la MEC depende de esta eliminación y su drenaje correcto, manteniendo la limpieza, clave para el correcto funcionamiento (4). Las fibras colágenas, de distinta conformación y nomenclatura, le dan elasticidad,tensión y conforman un entramado en red , algunas de caracteres definidos para dar la morfología de la membrana, otras para la circulación de líquidos dados por los proteoglicanos.

De acuerdo a las características de las fibras colágenas, se las definen por tipos: - colágenas fibrilares: colágenas I,II,II,V y XI: las reticulares III de 50 nm o de menor diámetro; asociados a las fibrillas, a lass que unen: colágenos IX y XII;las que forman red: tipo IV,de anclaje: tipo VII;además de la gran abundancia de elastina, existen en menor proporción las fibrilinas. Los proteinoglucanos, de formas características en escobillas y los glucosaminoglucanos en forma de árbol, con cargas hidrofílicas cargados negativamente, unidos a veces a cationes sodio para atrapar el H2O,le otorgan un potencial eléctrico al medio extracelular de 240 uV;la modificación de las cargas modifica las propiedades hidrofílicas.Esto hace a las propiedades de filtro biofísico y de difusión selectiva. Su síntesis es rápida, entre una o dos minutos, y su vida media variable entre dos días a cuatro meses.Más elementos son detallados en la bibliografía.

BIOLOGÍA Y DINÁMICA DE LA M.E.C.

La actividad del organismo a este nivel está dada por la interacción entre el exterior y su medio extracelular. Una imbricada red en la que cada célula se inserta,y por ello reconociendo el entorno, el momento, distribución de componentes, la morfología y sus cambios, y sus modosy mecanismos de contacto.

De acuerdo a Singer-Nicolson, un "estado de mosaico fluído" de la membrana plasmática,con su capa doble lipídica y sus proteínas canaliculares; una especie de gelatina viscosa en parte, que se mueven entre áreas más fluídas de acuerdo a la temperatura de cada especie.Ello le otorga sus actividades específicas a las funciones celulares como el reconocimiento celular, la adhesión,actividad enzimática celular, motilidad, y otras varias específicas: adhesión célula-célula, célula,motilidad , fenómenos inmunes-. El citoesqueleto es la estructura dinámica de la célula, constituído por microfilamentos, microtúbulos y filamentos intermedios, y contiene la capacidad de percibir los más mínimos cambios eléctricos para cambiar su estructura- Conecta la matriz nuclear con la celular, por lo que el todo está íntimamente interconectado. Al conformar la MEC un veinte por ciento de la masa corporal, es, por ello el órgano más grande e importante a la vez, conformando en el sistema ser humano el mejor atractor del mismo.

Las células de soporte de la MEC son los fibroblastos, fibrocitos, condroblastos,osteoblastos, osteocitos, miofibroblastos y adipocitos;esenciales para la transformación que requiere el organismo dependiendo de la membrana basal cercana donde se encuentre y como productor de las fibrillas. Las células locales son los leucocitos, macrófagos,mastocitos, células linfcíticas (NK). Constituye, en definitiva el elemento corporal esencial para la transmisión de información, energía, materia, potenciales eléctricos y la comunicación de todas las células corporales.

Por ella fluyen los timocitos que se ocupan de la diferenciación celular, y es el mejor espacio por los que trascurren los linfocitos, utilizando las adhesinas para ocupar este espacio cuando el organismo los necesita en un determinado lugar y tiempo por procesos inflamatorios, cuya cascada de ingreso a la MEC se produce principalmente por la adhesión amediada por las selectinas.las integrinas ocupan su lugar en el proceso de migración.Las integrinas son las encargadas de mantener las unioness, sostener las membranas basales, el citoesqueleto, y mantener las propiedadess de la mtensegridad y mecanotransducción.

Otro de las capacidades halladas en la MEC en las últimas décadas es el de la biotensegridad, y que permite encontrar la causa del poder curativo de los masajes, los toques muesculares,tendinosos y de la piel, reparando la salud cuando se utilizan estas técnicas físicas. La MEC traduce en cambios químicos y en los genes la energía mecánica transmitida, lo que se conoce como mecanotransducción, procesos estudiados en las neuronas, las células miocárdicas,osteocitos, endotelio y fibroblastos. La tensión integrada para mantener su morfología y función es lo que se conoce como tensegridad; compresiones mecánicas diseñadas para mantener el estado normal de funcionamiento celular, movimientos de compresión y de tensión. Fuller y Snelson son los que idearon el concepto al diseñar estructuras livianas y elásticas que permiten mantener la estructura cuando las presiones tratan de hacer lo contrario: varillas y cables componen estas estructuras, basadas en la geometría del triángulo y los tetraedros, hallados naturalmente en el plano atómico y molecular (fullerenos). El esqueleto humano es el principal elemento de la tensegridad en el organismo.Éste hace de mecanismo tensional, mientras los músculos le otorgan elasticidad, y las uniones ligamentosas corresponden a las fascias y tendones, derivados todos de la misma MEC. De este mecanismo de tensegridad, y de la consiguiente mecanotransducción, que traduce las presiones y tensiones, es decir, de una energía mecánica, a una traducción que se transmite a las moléculas, y al interior de las células por el citoesqueleto y al interior de la misma por la arquitectura tensegrítica de los microtúbulos, traspasan la membrana nuclear y asimismo pueden llegar al mismo ADN produciendo cambios, conformando parte de la epigenética. Se ha hallado que a diferentes presiones se forman también diferentes tipos celulares, de tal modo que a 1 kilopascal se produce tejido nervioso, a 10 kilopascal tejido muscular, y a 100 kilopascal (kP)tejido óseo o cartilaginoso.La tensegridad se asocia a la mecanostransducción para el logro de descubrir las propiedades del tejido mesenquimal (MEC), y hallar la respuesta lógica de los masajes curativos y otras terapias físicas.(3). Es la variabilidad mesenquimal lo que confiere la posibilidad de los cambios fenotípicos celulares. Esta tensión isométrica es una de las claves de la vida de los pluricelulares, tanto a nivel macroscópico como a nivel molecular, en el que el ADN se incluye, ocurren fundamentalmente con la amplia participación de la MEC, y se comprende que los cambios tensionales se traduzcan en cambios moleculares. Tiene sentido hablar no sólo del ADN como eje central de la vida, sino la activa participación de la MEC con la tensegridad y la mecanotransducción, lo que evidencia la actividad epigenética, y su activa participación, girando la vista desde el ADN no como central, sino como un recurso más en el desarrrollo.

La causa de los últimos descubrimientos y la tardanza en estos hallazgos ha sido el método de estudio de la biología, basada fundamentalmente en la microscopía, incluida la electrónica, pero basada en cortes estáticos y no en movimiento. Ha sido la aparición de la ultramicroscopía multifotónica (MMF), la que ha permitido el estudio dinámico de la histología y de la biología molecular , dejando en evidencia las propiedades reales de la MEC.La observación directa de la microvida en movimiento ha permitido "ver"lo que realmente es.Porque así somos, parece ser que lo que no se ve o se mide, no existe;sin embargo, cada vez "vemos" más.

Las alteraciones en la mecanotransducción han dejado en evidencia los resultados que impactan a nivel molecular, y determinando problemas como la sordera,cardiomiopatías, glaucoma, riñón poliquístico, y pasando incluso por el cáncer y los problemas inmunológicos.Estas alteraciones han sido clasificadas en tres grupos: las pertenecientes al microambiente extracelular, las que impactan la estructura y organización celular, y las de señalización celular. Todas afectan a la cromatina nuclear, modificando los genes por medio de la epigenética y afectando el núcleo también genéticamente. El impacto mecano-químico cambia las moléculas, las modifica para mejorar o caso contrario, para afectar los mecanismos íntimos y a la velocidad de la mecanotransducción, más veloz que los procesos moleculares específicos. Las diversas formas de terapias físicas modifican así,el crecimiento y modificación celular, la respuesta inmune y muchos otros mecanismos hacia la recuperación de la normalidad.Se explica así, que los genes tomados de modo único en su estudio, son insuficientes para explicar la complejidad sistémica, los ensambles y condiciones supramoleculares que pueden impactar y modificar los partes de ADN. Hablar de la MEC resulta así, ver, estudiar y observar el atractor más complejo del organismo.

Integrinas, selectinas, modulinas, inmunoglobulinas en conjunto en la MEC, dada su función de ligandos se denominan CAMS o proteínas de adhesión celular. Y son parte fundamental en la MEC como ligandos en las uniones proteicas, en las glucoproteínas y en todas las actividades que requieren de su presencia para el mantenimiento normal de la MEC. Las integrinas conforman el lazo entre el colágeno y el citoesqueleto.Implicadas en todo el proceso y en la estructura y función de la MEC, anclan la célula a las membranas basales, participan en el mantenimiento de la célula y a veces en la anoikis (apoptosis o muerte celular) cuando recibe las señales y las traduce.

Otro de los aspectos que no habían sido tenidos en cuenta es el de la electrobiología, estudio de los sistemas eléctricos en los seres vivos. Los tejidos generan campos eléctricos y magnéticos de importancia fundamental.Estos flujos electromagnéticos no están circunscriptos al órgano que los produce, sino que se transmiten a los más cercanos y al resto.Los más conocidos son el electrocardiograma y el electroencefalograma. La electricidad celular es un fenómeno iónico ligado a la polaridad de la membrana celular.Pero además hay flujos electrónicos y protónicos, lo que termina por completar el lenguaje corporal, desde la química a la señalización y comunicación, para lo cual se depende de la integridad del sistema. Los microfilamentos estructurales de la MEC los, componentes de la membrana basal, el citoesqueleto, la membrana nuclear, comunican entre sí a todo el sistema a cada instante lo que cada célula debe hacer.Todas están interconectadas por la MEC y su amplio sistema interno, y que es quien señaliza la vida misma. Las enfermedades producen cambios en la electrobiología, y el matrisoma, producto de la unión de los proteoglucanos que engloban agua, transmiten señales por medios eléctricos diversos, y que en los procesos inflamatorios y de cáncer alteran la vía normal. Intervienen en el transporte de electrones a velocidades inalcanzables por medio químico, donando electrones cuando se producen estallidos de sustancias reactivas del oxígeno; la unidad fundamental desde este punto de vista lo constituye el matrisoma.

Veamos a continuación de modo somero, lo que sucede con la MEC, en el proceso del cáncer. Conforma parte de los problemas que parten desde las alteraciones producidas en la MEC, en todas se han encontrado alteraciones inflamatorias previas al desencadenamiento de los problemas, si en la inflamación hay apoptosis, es decir necrosis de las células es una de las variantes, otra es la inflamación produciendo afecciones como las enfermedades crónicas, y aquellas en que la inflamación, por variados cambios en la morfología, arquitectura y composición molecular, va camino a la reproducción desordenada, mediada (al parecer los indicios marcan este sentido, aún no del todo aclarado) por células de la médula ósea que son transportadas al lugar y donde se desarrrollan y producen más inflamación, neogénesis vascular y una mayor compactación de la MEC. Mencionamos solamente, en este tópico la innumerable cantidad de células, fibrillas y componentes propios de este espacio que comprometen de modo epigenético a las células estromales, dado que pretendemos condensar los conocimientos existentes y derivar a quienes deseen mayor conocimiento explícito a la consulta bibliográfica al final del capítulo, en razón de que este pequeño libro está destinado a dar a conocer una nueva y amplia mirada para girar el modelo médico hacia nuetro interior, y bajo la perspectiva sistémica, y donde la MEC conforma uno de los mayores atractores del sistema donde confluyen la normalidad y donde también se expresa la aparición de problemas que lo afectan. Y el cáncer es el mas grave, y poco a poco, más frecuente.

A pesar de ello, no debemos dejar de mencionar que son los fibroblastos y la producción de fibrillas de éstos los que más afectan a la MEC cuando existe inflamación , y la presencia de ROS, o sustancias reactivas del oxígeno, que los proteoglucanos ya no pueden atrapar y eliminar correctamente. Y que sustancias como las metaloproteinasas y sus inhibidores, que normalmente se encuentran en equilibrio, cuando no es así, son los que más contribuyen a la formación y mantenimiento del desarrollo tumoral. Como también la pérdida de la estructura citoesquelética y su capacidad transmisora. Las metaloproteinasas , conocidas ya veinticinco de ellas y sus variados inhibidores, si mantienen el equilibrio, se encargan de la proteolisis correcta, más activos en la etapa embrionaria, y pierden inhibición en la carcinogénesis,y en la angiogénesis.La teoría de las alteraciones genéticas que inician el proceso tumoral, cae sin la epigenética donde la MEC tiene su especial participación: el microambiente donde se desarrolla el tumor contiene: destrucción de la arquitectura tisular , invasión de los límites anatomo-patológicos, y su activa participación en la producción de metástasis, donde también hay procesos inflamatorios en la MEC que las aloja. Los procesos inflamatorios en la MEC son productores de variadas enfermedades, donde el cáncer ocupa su lugar, al menos los estudios recientes así lo indican. La capacidad oncogénica de la MEC procede de los fibroblastos, los linfocitos, la pérdida de la tensegridad, a través de las alteraciones del citoesqueleto, de la membrana basal y las fibrillas, especialmente las integrinas. Los fibroblastos, son los ejes rectores del proceso tumoral, y en lo más cercano es altamente productor de fibrillas colágenas que le otorgan mayor densidad e inflamación al tejido tumoral, y con una interacción continua entre ambos tejidos, donde mcuhas veces la tendencia a la normalidad de la MEC es capaz de producir una disminución y desaparición del tejido canceroso.Los linfocitos tiene su actividad en el tejido tumoral por la angiogénesis que es capaz de provocar, las alteraciones en la expresión génica de los mismos y la producción de proteasas que permiten invasión y metástasis.

Estos nuevos conocimientos invitan a conocer el pensamiento sistémico, donde la biología del caos tiene su lugar, y la búsqueda de atractores para modular las alteraciones sufridas por los procesos inflamatorios de la MEC tiene su lugar,es tan grande la cantidad de moléculas, células, fibrillas, filamentos, proteínas y otras que intervienen, que no tenemos la certeza de saber si trabajan juntas o en conjunto con mecanismoss físicos, y pensar en las hiperestructuras puede ser lo más práctico para la intervención terapéutica. Hasta ahora, el pensamiento genético lineal del cáncer nos ha llevado a un camino sin salida,por lo que pensar en la epigenética y donde la MEC juega un papel principal en la carcinogénesis y media la filogenia tumoral, da lugar a un nuevo modo de pensar en las terapias del cáncer. También , los cambios tensegríticos nos dan nuevas ideas, donde la pérdida de la arquitectura normal de la MEC, que hace que la célula ëscuche¨las señales, a través de la comunicación mecánica en condiciones normales, esto no se produce y se altera al perder la estructura normal de los tejidos, llevando a cambios fenotípicos. Todos estos cambios aún no conocemos la secuencia y el modo en que actúan para que los procesos inflamatorios permitan estos desajustes, pero este conocimiento abre nuevas perspectivas a las terapias de los problemas de salud, y donde el cáncer es especial por su impacto en la salud, en la sociedad, en el desarrollo de las comunidades,etc.No olvidemos también la participación activa de las CAMS, las moléculas de adhesión, que al perder su estructura permiten también la diseminación tumoral.-

Con la mayor brevedad y claridad posible, pretendemos hacer ver que la matriz extracelular es un atractor clave en los procesos individuales de la salud-enfermedad, donde las terminaciones sinápticas ccon adrenalina y nor adrenalina, las hormonas, cortisol y tiroídeas especialmente, y las funciones múltiples que posee, entre las cuales la eliminación de productos nocivos, y que pueden alterarse, ya sea por las sustancias reactivas de oxígeno y los procesos inflamatorios consiguientes, dando lugar a la muerte celular, las alteraciones originarias de problemas, especialmente crónicos, y los fenómenos inmunes mediados por los linfocitos, como también la migración y anidación de células mesenquimales derivadas de la médula ósea, con la consiguiente proliferación y diferenciación parcial que distingue cada línea celular tumoral, llevando al cáncer.

La alta complejidad del mismo atractor que es la MEC, hace pensar que las intervenciones, mientras se realizan las correspondientes investigaciones y producción de métodos fiables de investigación sean individuales y paso a paso. Complejidad, sí, pero la naturaleza nos ha hecho complejos, y así debemos comprender la vida.

La figura anexa,de la Universidad Nacional de Colombia,Jahn Sebastián Saavedra Torres,¨La Matriz Extracelular: un ecosistema influyente en la forma y comportamiento de las células,Morfolia,Vol.7,No.1,2015.- esquematiza de modo claro, aunque estático, la complejidad de la matriz extracelular.

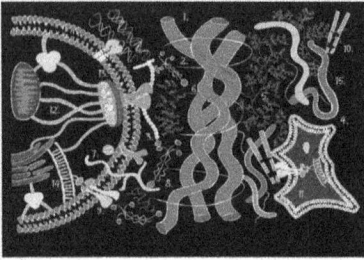

Esquema general de la matriz extracelular: 1. Fibras reticulares (Colágeno tipo III), 2. Asa de colágeno tipo VII, 3.Colágeno tipo IV. 4.Colágeno tipo Fibrilar, 5.Proteoglicano, 6.Glicosaminoglicano, 7.Sindecan (Proteoglicano), 8.Laminina con entactina, 9.Integrina, 10.Fibronectina, 11.Fibroblasto, 12.Filamento intermedio, 13.Hemidesmosoma con integrina α6β4, 14.Filamentos de Actina, 15. Elastina **Autoría por Luisa Fernanda Zúñiga Cerón, Jhan Sebastián Saavedra Torres - Universidad del Cauca. Colaboración y edición por - Mary Cruz Romero Rodríguez - Universidad Nacional de Colombia.**

Otro esquema, a renglón seguido, nos amplia la complejidad, aunque sólo parcial:

A

Proteoglucano   Fibras elásticas

Fibras de colágena

GAG

Fibronectina   Integrinas

Filamentos intermedios

CITOPLASMA   Filamento de actina

B

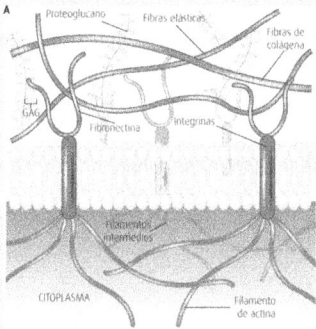

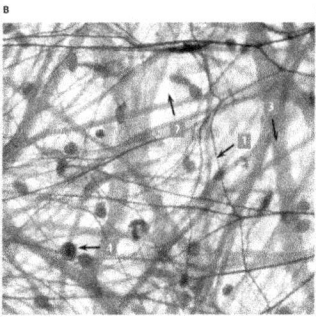

COMPONENTES: (solamente los elementales)

Tejido Conectivo	Células	Fijas	Fibroblastos, Fibrocitos, Células mesenquimáticas, Adipocitos, Células reticulares, Macrófagos fijos
		Libres	Monocitos y sistema fagocítico mononuclear, Linfocitos, Células Plasmáticas, Leucocitos eosinófilos, Células cebadas
	Matriz extracelular	Sustancia fundamental	
		Fibras	Colágenas, Reticulares, Elásticas o Sistema elástico (fibras elásticas, elaunínicas y oxitalánicas) y sistema colágeno.

BIBLIOGRAFÍA:

(x)- La base fundamental de este capítulo se encuentra detallado en :

a) "La Matrix Extracelular: Morfología, Función y Biotensegridad" Parte I, Tomás Alavro Naranjo,Rosa Noguera- Salvá,Feranando Fariñas Guerrero, Rev.Esp.Patol.2009,Vol.42,No.4:249-261.

b)"La Matriz Extracelular: De La Mecánica Molecular al Microambiente Tumoral (Parte II) Idem ant.Rev.Esp.Patol.2010;43:24-32.

c) "Medicina Energética: La Base Científica", James L.Oschman,Uriel Satori Editores, 2003.

Y otras basess en la siguiente bibliografía(principales)

1.-Huxley-Jones J.,Pinney J.W.and others:"Back to Basic- How The Evolution of the Extracellular Matrix underppinned Vertebated Evolution ", J.Ex Pathol.2009;90, 95-100.

2.-Id. Authors: "The Origins of the Extracellular Matrix in Vertebrates". Matrix Biol.2007,26: 2-11.

3.-Sakakura T,Nishizuka Y. And others: "Mesenchine Dependent Morphogenesis and Epitelium-especific Citodifferentation in Mousse Mamary Gland",Science 1976,194:1439-41.

4.-Pishinger A.:"The extracellular Matrix and Ground Regulation", in Harmut Heine Editor "Basis for a Holystic Medicine",Berkeley C.A.North Atlantic books, 2006.

5.-Noble D,Claude-Bernard:"The First System Biologys and the Future Fisiology",Ex.Fisiol.2008;93,16-26.

6.-Friedl P, Wolf K,and others. "Biolgical Second and Third Harmoni Generation Microscopy", John Willey Editor, Current Protocols in Cells Biology,2007.

7.-Konig K, Schenke-Layland and other: "Multiphoton Autofluorescence Imaging of Intrassue Elastic Fibers", Biomaterials,2005;26:425-500.

8.-Stevens A,Lowe J.:"Células de Sostén y la Matriz Extracelular",en Stevens-Lowe Editors Histología Humana 3ª Ed Madrid 2006,p 46-64

9.-GeneserF.:TejidoConectivo,"Histología"3ª.Ed.Madrid,Edit.Méd.Panamericana,200;19-26

10.Lodish,Berck,Matsudaira y otros:"BiologíaCelularyMolecular",5ª.Ed.Madrid,Edit.Méd.Panamericana,2005.

11.-Indberg D.E.: "Tensegrity-based mechano sensing from macro to micro". Progr.Biology,Mol.Biolgty 2008;97:163-79.

12.- Indberg D.E. The Architecture of life[, Sci.Am.1998;278:48-57.

13.-Indberg D.E.:"Tensegrity I. Cell esctructure and hierarchical sistema biology,J.Cell Sci.2003;116:1157-73-

14.-Indberg D.E.: Tensegrity II : How estrucutural networks influence cellular information processing networks. J.Cel.Sci.2003;116:1397-408.

15.-Wang N,Tytell J.D,Indberg D.E: "Mechanotransduction at a distance: mechanically coupling the extracelluar matrix with the nucleus, Nat.Rev.Cell.Biol.2009;10:75-82.

16.- Salvador Resino Garcia,Centro Nacional de Microbiología, EMEI (Epidemiología Molecular de Enfermedades Infecciosas)"Matriz Extracelular", 20/09/2013, blog en Google: EMEI.(componenetes de la matriz extracelular).-

17.-Atlas de Histología Vegetal y Animal. Citología,Matriz Extracelular;P.Molist, M.Pombal,M.Megías,Departamento de Biología y Ciencias de la Salud,Facultad de Biología,Universidad de Vigo,versión Julio 2011; htpp:webs.uvigo.es/mmegias/inicio.html.

V.- ESTRÉS METABÓLICO-RADICALES LIBRES.

- INFLAMACIÓN MEDIO EXTRACELULAR.

EL TEJIDO ADIPOSO COMO SISTEMA HORMONAL.

ANTECEDENTES :

BIBLIOGRAFÍA DE CONSULTA:

1.-LOS RADICALES LIBRES, ROL EN LAS AFECCIONES.

Revista Scientifica - Sociedad Científica de Estudiantes de Medicina Universidad Mayor de San Andrés - La Paz Bolivia Revista SCIENTIFICA Nº 6, Año 6, Septiembre 2008 La Paz Bolivia

2.-ARTICULO DE ACTUALIZACIÓN El lado oscuro del oxígeno Dr. med. Hilde Spielvogelil, II nvestigador Docente, Instituto Boliviano de Biología de Altura, IBBA Facultad de Medicina, UMSA Revista Scientifica - Sociedad Científica de Estudiantes de Medicina Universidad Mayor de San Andrés - La Paz Bolivia Revista SCIENTIFICA Nº 6, Año 6, Septiembre 2008 La Paz Bolivia

_http://www.bvs.sld.cu/revistas/end/vol11_3_00/end01300.htm_

3.- DeCs: ESTRES OXIDATIVO; ESPECIES DE OXIGENO REACTIVO.

Rev Venez Endocrinol Metab 2006; 4(1): 15-21

4.- FUNCIONES ENDOCRINAS DEL TEJIDO ADIPOSO. Revisión

Yamileth Marcano, Jeaneth Torcat, Luisa Ayala, Beatriz Verdi, Carolina Lairet, Merling Maldonado, Josefa de Vegas. Departamento de Nutrición y Dietética del Centro Médico de Caracas. Caracas, Venezuela. : Av. Eraso, Plaza Estanque, Edif. Principal Centro Médico de Caracas, Piso 2, Departamento de

Nutrición y Dietética. Tlf. 0212 555 9288. lelitaym@hotmail.com)Marcano Y y cols

5.- A D I P O S E T I S S U E A S A N E N D O C R I N E G L A N D.

PATHOPHYSIOLOGICAL IMPLICATIONS.

Dayamí García Torres1 Maricel F. Castellanos González2 Raúl Cedeño Morales3 Mikhail Benet Rodríguez2 Illovis Ramírez Arteaga

1 Centro de Especialidades Ambulatorias, Cienfuegos, Cienfuegos, Cuba, CP: 55100

2 Universidad de Ciencias Médicas, Cienfuegos, Cienfuegos, Cuba, CP: 55100

3 Centro de Especialidades Ambulatorias (CEA), Cienfuegos, Cienfuegos, Cuba, CP: 55100

Cómo citar este artículo:

García-Torres D, Castellanos-González M, Cedeño-Morales R, Benet-Rodríguez M, Ramírez-Arteaga I. Tejido adiposo como glándula endocrina. Implicaciones fisiopatológicas.. Revista Finlay [revista en Internet]. 2011

[citado 2016 Sep 15]; 1 (2): [aprox. 20p.]. Disponible en:

http://www.revfinlay.sld.cu/index.php/finlay/article/view/39

CONCLUSIONES

El tejido adiposo es un órgano con importante función endocrina, capaz de secretar diversas sustancias conocidas en general como adipocinas, entre ellas, la adiponectina, angiotensinógeno, leptina, resistina, factor de necrosis tumoral alfa, interleucina 6, visfatina, omentina, apelina, resistina, proteína 4 ligante de retinol, ácidos grasos no esterificados, inhibidor del activador del plasminógeno, adipsina y proteínaestimulante de acetilación. Todas ellas, con profundas implicaciones en la homeostasis de la glucosa, inciden también en la regulación del peso corporal, en el sistema inmune, en la función vascular y en la sensibilidad insulínica o insulinorresistencia. En la obesidad visceral se produce un estado proinflamatorio que tiene una relación bidireccional con la insulinoresistencia, que contribuye a generar hipertensión, dislipemia, disglucosis y una situación protrombótica que refuerza la morbimortalidad cardiovascular.

6.- *BOL PEDIATR 2006; 46: 269-274*

<u>*Mesa Redonda: El tejido adiposo como glándula endocrina. Obesidad y síndrome metabólico El tejido adiposo como glándula endocrina*</u>

J. ARGENTE, GABRIEL Á. MARTOS-MORENO, MANUEL HERNÁNDEZ

Servicio de Endocrinología. Universidad Autónoma de Madrid. Departamento de Pediatría.Hospital Infantil Universitario Niño Jesús. Madrid.

CONCLUSIONES

El descubrimiento paulatino de la secreción, por parte del tejido adiposo, de péptidos con acción a distancia, ha corroborado su papel activo en la comunicación con el resto de estructuras encargadas del control de la homeostasis energética, así como de la regulación de múltiples procesos metabólicos relacionados con la misma.

Los mecanismos de producción, regulación y señalización de estos péptidos, así como los efectos conocidos de los mismos, abren un nuevo campo de investigación para el desarrollo de futuros recursos terapéuticos en patologías como la obesidad que, debido a su prevalencia y a los costes que genera, constituye uno de los principales problemas de salud pública en la sociedad occidental.

7.- *tissue: an update. Clin Endocrinol (Oxf). 2006; 64: 355-65.*

VOL. 46 Nº 198, 2008

EL TEJIDO ADIPOSO COMO GLÁNDULA ENDÓCRINA.- OBESIDAD Y SÍNDROME METABÓLICO.

8.- BOLETÍN DE LA SOCIEDAD DE PEDIATRÍA DE ASTURIAS, CANTABRIA, CASTILLA Y LEÓN 269

BOL PEDIATR 2006; 46: 269-274

Mesa Redonda: El tejido adiposo como glándula endocrina.

Obesidad y síndrome metabólico

El tejido adiposo como glándula endocrina

J. ARGENTE, GABRIEL Á. MARTOS-MORENO, MANUEL HERNÁNDEZ

Servicio de Endocrinología. Universidad Autónoma de Madrid. Departamento de Pediatría.Hospital Infantil Universitario Niño Jesús.

Madrid.© 2006 Sociedad de Pediatría de Asturias, Cantabria, Castilla y León

9.- INVESTIGACIONES REALIZADAS ACERCA DE LA PARTICIPACIÓN DE LOS REACTIVOS DEL OXÍGENO SOBRE LAS AFECCIONES CRÓNICAS.

1.O-EL ESTRES COMO FACTOR DE RIESGO EN LA HIPERTENSIÓN ARTERIAL. *Osana Molerio Pérez y otros.Univ.Central de Villadan .Rev.Cubana de Higiene y Epidemiología,V.43,No.1, abril 2005, La Habana.-*

11 -ESTRÉS OXIDATIVO (RAS) EN HIPERTENSIÓN ARTERIAL, *Evidencias y Reflexiones.- Rev. Cubana de Medicina, 200, 39 (1),p.3-6. (Editorial) Dra. Lizette, Elena,Leiva Suero) -Kristal (1990) - Griending (Atlanta) - Taddei (Univ.,Pisa, Italia) (activ. Vía Cox....dism.de ONx y E.O. - Sep.1998 Hamaty (Univ. De Wayne)(asociado a insulinorresistencia, dislipemia, hipercoagulabilidad, disminución actividad de fibrosis,microalbuminuria, anomalías de la función plaquetaria y disfunción endotelial).*

3.-Dr.Carrizo (Arg.Univ. de Bs. As.) Papel del ON en el estrés oxidativo.: *desarrollo de hipertensión arterial, aterosclerosis, enf. Nerodegenerativas, infecciones virales, isquemia, reperfusión , y cáncer).*

12.-INTERACTIVE BETWEEN OXIDATIVE STRESS AND CHEMOQUINS: POSSIBL. PATHOGENIC ROL IN L.E.S. Y A.R. *Shah D and others. Dpt. Biochemistry,Basic Medicine, Sra Building Panjat University,India (Inmunology 2011,Sep. 10/6,April 2013, p.216 (9).*

13.-MARCADORES DE ESTRÉS OXIDATIVO EN A. R. *Ar.Sisty. Sanat.Navarra 2014, 37 (1), 109-115. Melguizo E. et al.*

14 -ESTRÉS OXIDATIVO Y DIABETES MELLITUS . *Jeddin Cruz Hernández y otros. Hopapital G América Acir, Cuba ev. Mex.Pat.Clin. Vol.58,No.5, p. 4-5, En-Mar.2011.*

15 -DIABETES MELLITUS Y E.O. EN PACIENTES EN LA U.C.I. DEL HOSPITAL PRINCESS MARGARET, 2012, *Lic. Enf. Yosul G.Siuerra O.L. y Dr. Gabriel Rodríguez González, Jo.nada Científica.*

16 -OBESIDAD, ADIPOGÉNESIS Y RESISTENCIA A LA INSULINA, *Rev. Endocr. Y Metab. Vol.58,No.7,Agosto 2014-Sep.2014. Manuel Ros Penz y otros,Dpto.Bioq.,Fisiología y Química Molecular, Fac. Cs.Salud Alaracón, Madrid,España.*

(-Factores implicados en el desarrollo de la resistencia a la insulina – Obesidad
e inflamación en el desarrollo de la resistencvia. – Implic.del E.O.. del retículo
endoplásmico y E.O. emn la resist.a la insulina. (asociado a obesidad e I.R.) –
Disfunción mitocondrial, ác.grasos, aum.de acetil colinay alt., R.I.. Efecto de
hepatotoxicidad: paradoja de la R.I. en lipodistrofia y obesidad (acumulación
ectópica de tej.adiposo). – Papel del PRAR en el aumento del tejido adiposo.)

17 .-ARTROSIS Y E.O. .-Artrosis, fisiopatología ,diagnóstico y tratamiento,
Soc.Exp.de Reumatología. Ed.Méd.Panamercana, /35/2010, 500 pág. .En pág.
116 a 1129: papel fundamental del E:O: en la patogenia de la Artrosis, (y
siguientes c/envejecimiento prematuro de los condrocitos frente a H2O2.)

18-ARTROSIS, ETIOPATOGENIA Y TRATAMIENTO, Miguel M.
Sánches Martín, Anales Real Academia Med.Cir.Vall. 2013,50:181-203. (
implicancia en condrocitos y otros factores).

19.-EVIDENCIAS DE MECANISMOS INFLAMATORIOS EN LA
ARTROSIS (OSTEOARTRITIS).

María José López Armada y otros, Unidad de Infl.Serv.de
Reumatología,Complejo Universitario Juan Canaleja, A.Coruña, España.
`Reumatología Clínica 2007,3,Supl.E3. 23-7,Vol.3.

20.-E.O. ENFERMEDADES Y TRATAMIENTOS ANTIOXIDANTES,
Revisión de Conjunto, Anales de Medicina Interna, V.18,No.6,Junio 2001.
Elejalde Guerra, Serv. De Medicina Interna,Hospital de Navarra,España-.

21.-PAPEL DEL E.O. EN LA DISFUNCIÓN ENDOTELIAL DE LA
ARTERIOESCLEROSIS, Angélica Giménez Rosales y otros. Ciencias de la
Salud,Vol.17-3,Nov.2010,Febr.2011, p.258-268- Universidad Autónoma de
México.

22-DIABETES, E.O. Y ARTERIOESCLEROSIS, María L. Ramos Ibáñez y
otros. Rev.Investig.en Salud Vol.VIII,No.1, 2006,p.7 a 15. Centro Univ.de
Cs.de la Salud,Guadalajara, México.

23-E.O., ORIGEN,EVOLUCIÓN Y CONSECUENCIAS DE LA
TOXICIDAD DEL OXÍGENO. Lucía Constanza Corrales y otros,

Soc.Investig.Univ. Colegio Mayor de Andanamarca, Bogotá, Colombia. Public.Científica en Cs.Biomédicas Vol.10,No.18, julio –dic.2012, p.135-250.-

24.-E.O. Y ANTIOXIDANTES, Actualidad sobre antioxidantes en los alimentos, Luisa B.Lina Hernández,Investig.Titular Centro Nac.Medic. Natural y Tradicional, Prof.Adj. Universidad de la Habana,Cuba (pdf 2012 en internet).

25.-Monografía: E.O. Y NEURODEGENERACIÓN, Claudia Dorado Martínez y otros. Dpto.Fisiología,Dpto.Biología Celular y Tisular de la Fac. de Med. Au.n.a.m..Rev.Fac. Med. UNAM, Vol.46,No.6, nov., a dic.2003.

<u>OTROS ESTUDIOS SOBRE IMPORTANCIA DE LOS RADICALES LIBRES</u>

<u>26.- CÁNCER DE PRÓSTATA, RADICALES LIBRES Y ANTIOXIDANTES</u>

Fecha de publicación: agosto 2009Redactado por Instituto de Enfermedades Próstata. 2009

<u>27.- Especies reactivas del oxígeno: papel en el desarrollo de cáncer y diversas enfermedades crónicas</u>

BioMed Central

Gulam Waris (gwaris@ucsd.edu) [1], Haseeb Ahsan (hahsan@dermatology.wisc.edu) [2]

[1] Monis UCSD Cancer Center, University of California at San Diego, La Jolla, CA 92093, USA

[2] Departamento de Dermatología de la Universidad de Wisconsin - Madison, el Centro de Ciencias Médicas, Madison, WI 53706, EE.UU.

Resumen

Oxígeno derivados de especies como el radical superóxido, peróxido de
hidrógeno, oxígeno singlete y el radical hidroxilo son bien conocidos por ser
citotóxica y han sido implicados en la etiología de una amplia gama de
enfermedades humanas, incluyendo el cáncer. Varios agentes carcinógenos
también puede ejercer su efecto en parte por la generación de especies reactivas
de oxígeno (ROS) durante su metabolismo. Daño oxidativo al ADN celular
puede dar lugar a mutaciones y por tanto, pueden desempeñar un papel
importante en la iniciación y progresión de la carcinogénesis polietápico. Los
cambios en el ADN como base de la modificación, reorganización de la
secuencia de ADN, el ADN de miscoding lesión, la duplicación de genes y la
activación de oncogenes puedan participar en la puesta en marcha de diversos
tipos de cáncer. Niveles elevados de ROS y abajo regulación de los ROS que
recogen basura y enzimas antioxidantes se asocian con diferentes enfermedades
humanas con inclusión de diversos tipos de cáncer. ROS, también están
implicadas en las enfermedades neurodegenerativas y la diabetes. ROS
influencias central de los procesos celulares, como la proliferación a, la
apoptosis, senescencia, que están implicado en el desarrollo del cáncer. La
comprensión del papel de ROS como mediadores clave en la cascada de
señalización pueden ofrecer diversas posibilidades de intervención
farmacológica.

El término cáncer se refiere a más de cien tipos de la enfermedad. Casi todos
los tejidos en el cuerpo, puede crear y algunos tumores malignos pueden
producir varios tipos. Las células cancerosas poseen otra aún más
insidiosa de propiedad a migrar desde el lugar donde se originan y forma masas
en distintos lugares del cuerpo. El cáncer es una progresión gradual iniciado el
proceso en el que las células, nódulos, pólipos o el papiloma seguir
evolucionando y hoy mucho más malignos. Los genes implicados en tumores
malignos suelen ser modificando las formas de los genes humanos. La

activación de protooncogenes en oncogenes pueden contribuir a la malignidad. Las mutaciones pueden también convertir protooncogenes en oncogenes cancerígenos [1, 2].

28.- El ácido alfa lipoico y su poder antioxidante frente al cáncer y las patologías de sensibilización central

Alpha lipoic acid and its antioxidant against cancer and diseases of central sensitization

Marisa Durand y Núria MachUniversitat Oberta de Catalunya (UOC). Barcelona. España.Dirección para correspondencia

Medicina Balear 2013; 28 (1): 35-40 35eISSN 2255-0569ARTICLE ESPECIAL

29.- Cáncer de colon: nuevos hallazgos moleculares
y posible importancia clínica

Colon cancer: new molecular findings and their potential clinical relevanceFrancisca María Santandreu JaumeGrupo Multidisciplinar de Oncología Traslacional,Institut Universitari d'Investigació en Ciències de la Salut. Universitat de les Illes Balears

Resumen

Las células tumorales son capaces de adaptarse a condiciones desfavorables como la hipoxia, el estrés oxidativo y las defensas del huésped mediante intensos cambios en su metabolismo. Creciente evidencia apunta que la mitocondria es un elemento clave en el control del crecimiento aberrante de las células tumorales. En particular, el desacoplamiento mitocondrial mediado por transportadores de aniones localizados en la membrana interna mitocondrial puede ser un mecanismo crucial en la respuesta adaptativa del tumor. Curiosamente, el patrón de expresión de la proteína desacoplante 2 (UCP2) en las muestras de cáncer de colon se relaciona con el grado tumoral.

Recientemente, diversos estudios muestran que la UCP2 en las células de cáncer de colon actúa como una defensa antioxidante, lo cual promueve la supervivencia de las células cancerosas. Además, la sobreexpresión de la UCP2 reduce la apoptosis inducida por fármacos antitumorales, promoviendo la quimiorresistencia. Estos hallazgos estimulan futuras investigaciones en relación al papel potencial de las proteínas desacoplantes en la tumorogénesis, pero también como un nuevo candidato para el diseño y desarrollo de estrategias terapéuticas más efectivas.

Palabras clave: Especies reactivas de oxígeno, mitocondrias, neoplasias del colon, proteína mitocondrial desacoplante 2, agentes antineoplásicos.

Abstract

Tumor cells are able to adapt to unfavorable conditions such as hypoxia, oxidative stress and host defense by intense changes in

their metabolism. Emerging evidence indicates that mitochondrion is a key element in the control of aberrant growth of tumor cells.

In particular, mitochondrial uncoupling mediated by mitochondrial inner membrane anion carriers may be a crucial mechanism in the

adaptive response of tumor cells. Intriguingly, uncoupling protein-2 (UCP2) expression in colon cancer tissue samples correlates

with the degree of neoplasia. Recently, several studies have shown that UCP2 acts as an antioxidant defense in colon cancer cells

which promotes cancer cell survival. Furthermore, overexpression of UCP2 reduces the apoptotic response of cancer cells to antitumor

drugs, promoting chemoresistance. These findings encourage future investigations regarding the potential role of uncoupling

proteins in tumorigenesis, but also as a novel candidate to the design and development of more effective therapeutic strategies.

Key words: Reactive oxygen species, mitochondria, colonic neoplasms, mitochondrial uncoupling protein 2, antineoplastic agents.

Correspondencia

Francisca María Santandreu

Grupo Multidisciplinar de Oncología Traslacional

Institut Universitari d'Investigació en Ciències de la Salut,

Universitat de les Illes Balears.

Carretera de Valldemossa, km. 7,5.

Palma de Mallorca, 07122. Illes Balears

Tel. +34 971 22 83 21. Fax. +34 971 22 83 24. E-mail: cim@cofib.es

Recibido: 11 - I - 2013 Aceptado: 3 - II - 2013

doi: 10.3306/MEDICINABALEAR.28.01.35

30.- ROL DE LOS ANTIOXIDANTES, CÁNCER Y RADICALES LIBRES

http://www.quimicaviva.qb.fcen.uba.ar/Actualizaciones/estres%20oxidativo.htm

por María del C. Ríos de MolinaProfesora Adjunta, Departamento de Química Biológica, FCEyN, UBA. E-mail: mcrios@qb.fcen.uba.ar

Recibido 4 de marzo de 2003/ Aceptado 22 de marzo de 2003

www.quimicaviva.qb.fcen.uba.arRevista QuímicaVivaVol.2, número 1, 2003 quimicaviva@qb.fcen.uba.ar

31.- RELACIONES ENTRE RADICALES LIBRES , SÍNDROME QUÍMICO MÚLTIPLE Y EL SÍNDROME METABÓLICO.

LABORATORIO DE BIOLOGÍA ÓSEA Y METABOLISMO MINERAL- FACULTAD DE CS. MÉDICAS DE ROSARIO.SANTA FE

Brenda Fina

32.- SÍNDROMES RELACIONADOS

Dr. Cáceres Calle, Director Médico SHC Medical,Madrid,Españ

33.- SÍNDROME METABÓLICO Y ENF. CRÓNICAS.

Revista médica de Chile
versión impresa ISSN 0034-9887

Rev. méd. Chile v.138 n.8 Santiago ago. 2010

http://dx.doi.org/10.4067/S0034-98872010000800012

Rev Med Chile 2010; 138: 1012-1019

ARTÍCULOS DE REVISIÓN

El síndrome metabólico: De factor agravante a principal factor de riesgo patogénico en diversas enfermedades crónicas

The metabolic syndrome: From an aggravating condition to a pathogenic risk factor for chronic diseases

ROMMY VON BERNHARDI[1], SILVANA ZANLUNGO[2a], MARCO ARRESE[2], ANTONIO ARTEAGA[3], ATTILIO RIGOTTI[2]

[1]Departamento de Neurología. [2]Departamento de Gastroenterología.[3]Departamento de Nutrición, Diabetes y Metabolismo. Facultad de Medicina, Pontificia Universidad Católica de Chile, Santiago, Chile. [a]Bioquímica, doctora en ciencias Biológicas.

Dirección para Correspondencia

In recent years, a rapidly increasing number of studies have focused on the association between metabolic syndrome and several chronic diseases. However, it is difficult to determine a well defined pathogenic relationship, due to the etiological heterogeneity and comorbidities of these diseases. Research efforts are aiming to identify the convergent biological mechanisms that mediate the effects of hyperinsulinemia, hyperglycemia, dyslipidemia, and hypertension. All these conditions define the metabolic syndrome, that increases the risk for several diseases. The knowledge of these biological mechanisms associated with this syndrome will elucidate the pathogenic association between a variety of chronic diseases, including its pathogenic link with cardiovascular diseases and the most common forms of dementia. The development of new therapeutic and preventive strategies for these diseases will be a corollary of this research.

(Key words: *Chronic disease; Hyperinsulinism; Metabolic syndrome.)*

Recibido el 27 de enero de 2010, aceptado el 26 de mayo de 2010.

Correspondencia a: Rommy Von Bernhardi Departamento de neurología, Facultad de Medicina Pontificia Universidad Católica de Chile. Marcoleta 391, Santiago, Chile Fax: 2-632-1924 E-mail: rvonb@med.puc.cl

....0...

34.- Rev.Española de Cardiología. Suplemento 2005,5 (D) 310,Vol.5 Núm.Supl. DDOI-10- 1157/13083443

Síndrome metabólico. Concepto y fisiopatología

Martín Laclaustra Gimenoa, Clara Bergua Martíneza, Isaac Pascual Callejaa, José A Casasnovas Lenguasa

a Grupo de Investigación Cardiovascular. Instituto Aragonés de Ciencias de la Salud. Zaragoza. España.Correspondencia: Dr. J.A. Casasnovas Lenguas.Paseo María Agustín, 4-6, casa 4, 10 C. 50004 Zaragoza. España.

Correo electrónico: jacasas@unizar.es"> jacasas@unizar.es

35.- SÍNDROME METABÓLICO Y RIESGO CARDIOVASCULAR.

Rev.Española de Cardiología. Suplemento 2005,5 (D) 310,Vol.5 Núm.Supl. DDOI-10- 1157/13083442

Síndrome metabólico. Concepto y fisiopatología

Martín Laclaustra Gimenoa, Clara Bergua Martíneza, Isaac Pascual Callejaa, José A Casasnovas Lenguasa

a Grupo de Investigación Cardiovascular. Instituto Aragonés de Ciencias de la Salud. Zaragoza. España.

(IMPLICACIÓN DE LA OBESIDAD Y LA FUNCIÓN DEL TEJIDO ADIPOSO EN LA PATOGENIA DEL SÍNDROME METABÓLICO)

36.- TITULO: El Estrés Oxidativo Presente en el Síndrome Metabólico Explicaría el Elevado Riesgo Cardiovascular

AUTOR: Esposito K, Ciotola M, Giugliano D y colaboradores

TITULO ORIGINAL: Oxidative Stress in the Metabolic Syndrome

CITA: Journal of Endocrinological Investigation 29(9):791-795, Oct

37.- REVISTA ESPAÑOLA DE GERIATRÍA Y GERONTOLOGÍA.

Vol. 44. Núm. 6. Noviembre - Diciembre 2009Documento Anterior - Documento Siguientedoi: 10.1016/j.regg.2009.09.001

REVISIÓN

Síndrome metabólico y envejecimiento

Metabolic syndrome and aging

J.J.. Juan José Solano Jaurrieta Servicio de Geriatría, Hospital Monte Naranco, Oviedo, España Recibido 14 julio 2009, Aceptado 04 septiembre 2009

38

- Acta bioquímica clínica latinoamericana
versión Impresa ISSN 0325-2957

Acta bioquím. clín. latinoam. vol.45 no.3 L.a Plata jul./sct. 2011

BIOQUÍMICA CLÍNICA

Vigencia del Síndrome Metabólico

Vigency of Metabolic Syndrome

Vigência da Síndrome Metabólica

Edgar Acosta Garcia[1]

[1] Msc. en Nutrición. Profesor Agregado e Investigador Asociado al Instituto de Investigaciones en Nutrición (INVESNUT-UC), Facultad de Ciencias de la Salud, Universidad de Carabobo. Apartado Postal 3459. El Trigal. Valencia. Venezuela 2002-A. Teléfono: 02418915640; 0241-8672852, 0412-0445423. Email: eacosta1@uc.edu.ve;edgaracosta1357@hotmail.com

---

RADICALES LIBRES,ROL EN LA INFLAMACIÓN Y FISIOPATOLOGÍA DEL MEDIO EXTRACELULAR.

EL TEJIDO ADIPOSO COMO SISTEMA ENDÓCRINO.

(Resumen)

Todos los trabajos anteriormente notados como bibliografía, referidos a temas : de las sustancias reactivas del oxígeno, el sistema endócrino del tejido adiposo con lo que se conoce a la actualidad, las relaciones estrechas entre los procesos fisiológicos de la matriz extracelular y los procesos metabólicos, energéticos y físicos que ocurren cuando las sustancias se alteran en exceso y los problemas que provocan,especialmente el estrés oxidativo, se citan a los efectos de seguir una hilación directa desde la fisiopatología de la matriz extracelular al síndrome metabólico, pasando por el síndrome químico y demás. La relación directa entre los procesos, de los que en el cáncer son los más estudiados y menos utilizados, devienen en una relación estrecha y directa con las afecciones crónicas, e incluso con los agentes externos cuando el medio no se encuentra en condiciones óptimas. Otra razón es evitar resumir la extensa amplitud bibliográfica existente, para lo cual se han seleccionado los más claros y breves, con la correpondiente bibliografía que los avala, a los fines de poder cerrar la hipótesis general, y no se vea como una teoría sin basamentos previos, sino que una historia de décadas la antecede y respalda.

El útimo trabajo leído, y para dirigir su lectura , es la "REVISIÓN DEL ESTADO DEL CONOCIMIENTO CIENTÍFICO SOBRE LA RELACIÓN ENTRE LA EXPOSICIÓN DE SUSTANCIAS QUÍMICAS Y EL RIESGO DE OBESIDAD Y DIABETES, RESUMEN Y CONCLUSIONES, INFORME DE Miquel PORTA Y Duck –Hee Lee, Md. Para CHEM Trust, *2016, que termina por confirmar la hipótesis de la relación entre las alteraciones del medio extracelular, los radicales libres , y los agentes químicos externos que ingresan al organismo y terminan por alterarlos, produciendo los problemas crónicos a los que alude la hipótesis. Cierra el aspecto externo químico, a los que se adicionan los agentes físicos, relacionales, mentales, sociales, laborales y todos aquellos en general que de un modo ú otro alteran este medio que hoy sabemos no sólo transporta los nutrientes y excreta los deshechos sino que tiene, junto al tejido graso emanado del mismo,, una multiplicidad de funciones para conservar el metabolismo corecto del sistema ser humano.*

Al parecer, la obesidad, tiene más probabilidades de originarse por procesos inflamatorios que superarían al medio extracelular, que sólo por exceso de ingesta calórica. Si éste es el origen, las relaciones entre el síndrome metabólico y la obesidad son más íntimas que lo que suponíamos, a la vez que disminuír la ingesta de alimentos procesados y mantener una alimentación exenta de ellos es la mejor solución al problema. Al parecer, las decisiones en la disminución de la mal llamada "epidemia del siglo", está en el ámbito social, y son de decisión política. La comprensión de que la segunda revolución industrial ha traído más perjuicios en la salud no solamente humana, sino en gran parte de las especies vivas, de lo cual existen ya demasiadas investigaciones, que los beneficios prácticos de ella derivados, comprometiendo no solamente la vida humana, sino la ruptura de los ecosistemas, lo que lleva, tarde o temprano a la desaparición de la vida, al menos las más complejas, entre las cuales estamos.

Solamente un compromiso político de todas la naciones podrá revertir el proceso de autodestrucción, incluso no sabemos si este proceso tiene una reversión hacia la comprometida estabilidad ecosistémica. Es altamente probable que la otra opción posible y segura,sea la degeneración y desaparición de la vida del hombre en el planeta.

Dejamos también sentado que los problemas que sufren las personas, o aún no padeciéndolos, pueden transmitir a su descendencia, y así se ha confirmado, por medio de la genética, los mismos o mayores problemas, desde la gestación y hasta años más tarde.

La comprensión de que las sustancias reactivas del oxígeno son nocivas, y que cuando los procesos que eliminan su peligrosidad y posterior transporte, son llevadas hacia el tejido graso donde se acumula de modo progresivo, y que cuando se inician los procesos inflamatorios y no pueden ser ni suprimidos ni acumulados, provocan esta inflamación y llevan luego , por medio del conocido síndrome metabólico y síndrome químico múltiple, a la aparición de los procesos crónicos de variado orden. Que tales procesos viene produciéndose cada vez en mayor número de personas por el exceso de químicos innecesarios en la cadena alimentaria, como también en la producción agro-ganadera, sumado al conocimiento de que más de cuatro mil sustancias químicas son factores que inciden en el proceso de enfermar de la población (y solamente se han estudiado veinte mil de los más de cien mil producidos a la actualidad), que los derivados del petróleo, como los plásticos, poseen o se le agregan sustancias nocivas, y que muchas de las estudiadas se encuentran disseminadas en el suelo, agua, aire, vemos que no sólo los alimentos, sino cualquier vía de entrada es posible y factible de producir problemas sanitarios. Que el conocimiento del sistema hormonal del tejido adiposo, su mecanismo de producción y de aumento del tejido, permiten una vía posible más para acceder a la solución de los mismos. Sin embargo, si las autoridades no toman carta en ser parte activa de la solución masiva, la actuación de la profesión médica será solamente parcial y destinada a pocas personas, atentando a un valor esencial a los pueblos del mundo.

No dejamos de mencionar que no sólo los químicos son productores de problemas, sino también la cultura, las relaciones, sean con las personas más cercanas o con dependencia jerárquica laboral, el medio mabiente, el transporte y muchos otros factores de la vida cotidiana pueden llevar, mediante el estrés, a un alta producción de sustancias reactivas del oxígeno, por lo que las relaciones son un factor más a tener en cuenta en esta teoría compleja de los procesos de la salud-enfermedad.

-----------------o-----------------

LAS BASES DE LA NUEVA MEDICINA, MARCO TEÓRICO

Desarrollamos en primer lugar el concepto integral, sistémico, del ser humano, con el fin de comprender que una mirada completa del mismo nos permite una visión mayor, tanto interna como externa del mismo, y comprender que para solucionar sus afecciones, la visión corporal, y aún yendo a lo microscópico y molecular del mismo, donde se hallan en la práctica casi todas las investigaciones actuales sobre las mismas, no han permitido a la fecha comprender las causales de las mismas a ese nivel, a pesar de ver cada vez más sus interacciones y alteraciones moleculares y subcelulares.

Observar al ser humano como lo que es, un sistema complejo abierto, y sabiendo que existen puntos nodales, atractores, o como quieran llamarse a pequeños cambios en el mismo, ofrecen cambios grandes al mismo y en los casos de alteraciones le permiten regresar al estado anterior (Bibliografía precedente)). Es que el ser humano aislado tampoco existe, sino "en relación con" y es así como debemos verlo, y comprender que la sectorización que hacemos en cada caso particular es al sólo efecto de una mejor comprensión, pero no de hallar la solución de un sistema complejo. Sabemos que lo externo, desde la amplitud del campo magnético terrestre, hasta las relaciones cercanas interpersonales o interacciones con objetos ú otros seres vivos, pueden modificar en más o en menos al sistema ser humano, ya sea en la división artificial de la mente, el espíritu o el cuerpo, o como suele ocurrir, alteraciones relacionadas en más de un sector. Y es que no somos sin el otro y sin lo externo que nos rodea. Hasta ahora, la medicina ha pensado sólo en el cuerpo abstraído del contexto, del pensamiento, las emociones y relaciones. El giro sistémico de pensamiento que abarca el ser humano en contexto y relación, permite una visión más clara y dinámica del ser humano como tal, y a la vez, el conocimiento de su historia, relaciones y contexto actual, nos da una más clara visión de los problemas que lo afecta.

Desde el punto de observación más amplio, y con los conocimientos actuales dados por Prigogyne, L.von Bertalanfy, y muchos otros, hoy podemos considerar al hombre tal como está, inserto en la naturaleza, de la cual forma parte, que es lo mismo decir que es un sistema parte de sistemas más amplios a contemplar cuando desde el campo médico pretendemos solucionar sus problemas de salud. Salud como la hemos considerado en las primeras páginas, a los fines de que, con un lenguaje común, podamos integrar los nuevos conocimientos a los conocidos y encontrar soluciones a muchos de los problemas actuales.

Asimismo, los nuevos conocimientos nos permiten saber que no somos solamente materia, sino también energía, por lo que considerar que las soluciones médicas se amplían más allá de los fármacos,, que las diversas formas de energía, desde las particularmente conocidas como la masoterapia, la quiropraxia, la utilización de la magnetoterapia y muchas formas de energía contienen en sí modalidades útiles de solución a los problemas humanos, aún más allá del cuerpo donde se utilizan, e incluso que desde una pequeña caricia, sonrisa o gesto puede iniciar una mejoría, como la presión de las fascias realizar comunicaciones internas positivas. También sabemos que las emociones, surgidas de las relaciones, de la cual son un subproducto, al decir de Kennet Gergen(1) ,,pueden dar solución como asimismo afectar. Podemos casi inferir que las llamadas curas milagrosas tienen un sustento teórico, que las curaciones espontáneas pueden surgir del mismo modo. Que también ya sabemos que las intervenciones sistémicas desde el campo de la terapia familiar tienen una base teórico-práctica desde hace más de medio siglo.

La medicina hasta ahora ha enfocado su tarea bajo el enfoque belicista donde lo externo agrede y de lo cual debe defenderse. Ello ha dado resultados, dado que es en parte veraz,no puede soslayarse; sin embargo, al poner demasiado énfasis en el exterior del organismo y buscar soluciones químicas externas sobre los

*padecimientos, ha olvidado el poder del medio interno del ser
humano, como el conocimiento individual necesario y responsable
del cuidado de su ser y su cuerpo que tiene a cargo, como asimismo
icorporar los métodos físicos de carácter terapéutico. A ese enfoque
defensivo y belicista, tras los nuevos conocimientos, se deben
agregar indudablemente el conocimiento de las propias defensas
que el organismo tiene y produce en cada caso, y cómo mantener de
la mejor manera el organismo para que pueda actuar, o evitar ser
atacado cuando su interior funciona adecuadamente, lo que es lo
mismo, enfatizar sobre el mejor mantenimiento del medio del
huésped, y esto mismo es altamente probable de ser capaz de dar
una mejor solución a los ingentes problemas de ressitencia a los
fármacos antibacterianos. Si se ha puesto atención a los trabajos
anteriormente agregados, el funcionamiento de los sistemas internos
del ser, cuando son óptimos, pueden evitar innumerables problemas
de salud. Y ha sido, hasta ahora, un elemento clave para la solución
de los problemas de salud; el medio extracelular es el lugar de
intercambio, flujo, y epicentro de comunicación del ser con el medio
externo, y es por ello que lo enfatizamos.*

*Hemos colocado abundante bibliografía previa, y a la vez
colocar referencias agregadas, con el sólo propósito de que se
observe que lo que esta teoría marca no es un elemento aislado o
una creación genial, sino solamente encadena todos los estudios que
se dirigen hacia ésta, y que quizás no se anima a enunciar dado que
probar la teoría es eficaz en la praxis, pero carente aún de
metodología de investigación. El pensamiento sistémico no lleva
mucho tiempo, ha tenido resultados en su práctica, pero queda
pendiente probar científicamente la veracidad de los hechos
prácticos.*

*A renglón seguido exponemos un esquema didáctico a fin de
intentar simplificar los ejes teóricos de la hipótesis de la
fisiopatología del ser humano y exponer el modo en que los
problemas aparecen, y teniendo en cuenta que ciertos agresores*

externos pueden provocarlo también, aunque la gran mayoría de éstos comienzan con las alteraciones que se exponen.

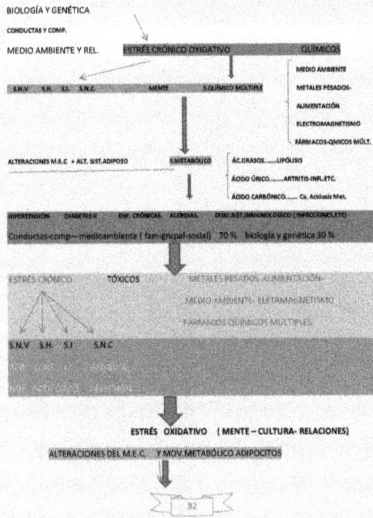

BIOLOGÍA Y GENÉTICA

CONDUCTAS Y COMP.

MEDIO AMBIENTE Y REL. ESTRÉS CRÓNICO OXIDATIVO   QUÍMICOS

	MEDIO AMBIENTE
	METALES PESADOS-
	ALIMENTACIÓN
	ELECTROMAGNETISMO
	FÁRMACOS-QMICOS MÚLT.

S.N.V   S.H.   S.I.   S.N.C   MENTE   S.QUÍMICO MÚLTIPLE

ALTERACIONES M.E.C + ALT. SIST. ADIPOSO   S.METABÓLICO   ÁC.GRASOS......LIPÓLISIS

ÁCIDO ÚRICO......ARTRITIS-INFL.ETC.

ÁCIDO CARBÓNICO...... Cs. Acidosis Met.

HIPERTENSIÓN.   DIABETES II   ENF. CRÓNICAS.   ALERGIAS.   DISV.SIST.INMUNOLOGICO (INFECCIONES,ETC)

Conductas-comp— medioambiente (fam-grupal-social)   70 %   biología y genética 30 %

ESTRÉS CRÓNICO   TÓXICOS   METALES PESADOS-ALIMENTACIÓN-

MEDIO AMBIENTE- ELECTRAMAGNETISMO

FÁRMACOS QUÍMICOS MÚLTIPLES

S.N.V   S.H.   S.I.   S.N.C

ESTRÉS OXIDATIVO   (MENTE – CULTURA- RELACIONES)

ALTERACIONES DEL M.E.C.   Y MOV.METABÓLICO ADIPOCITOS

82

En la figura precedente colocamos en primer lugar los factores que inciden sobre los problemas, sintetizado de la figura expuesta por Denver G.A.("An Epidemiological Model for Health Policy", Soc.In Rev.1976.p.465-15) en la que expone de un modo esquemático los factores principales y en qué medida inciden sobre las afecciones. La alteraciones biológicas connatales y las genéticas, que lo hacen en menor proporción relativa en relación a las conductas y comportamientos, cuando éstos son tomados de modo individual, y dado que no se ha expuesto en el mismo la incidencia de lo externo, agregamos las relaciones con lo social, grupal, familiar, laboral y las interacciones con el medio ambiente, factor cada vez más complicado y de aumento logarítmico en la incidencia y prevalencia especialmente de los problemas crónicos del ser humano.

En los factores ambientales agregamos los químicos, gran mayoría tóxicos, y muchos más que provocan los problemas inflamatorios iniciales muchas veces en el medio extracelular.El medio ambiente, metales pesados y otros, la alimentación contaminada,especialmente la procesada, hasta el magnetismo terrestre y sus alteraciones y los fármacos y multiplicidad de químicos que ingresan al medio extracelular, que debe intentar eliminar y las posteriores consecuencias de salud cuando ello no es factible más que parcialmente.

Por la M.E.C. circulan las hormonas adrenérgicas del sistema autónomo(SNV), las hormonas, especialmente la cortisona(SH), las células y productos metabólicos del sistema inmunitarios(SI), y que tienen relaciones estrechas con el sistema nervioso central. El conjunto, en más o en menos de algunos de sus productos, y cuando el tiempo que llevan estos problemas sin regresar a la normalidad, aparece lo que denominamos estrés crónico, o estrés oxidativo, a los que se adicionan los químicos no eliminados, los subproductos de los alimentos procesados, con innumerables químicos, más los tóxicos químicos, como los pesticidas incorporados a los mismos, fármacos que lesionan directamente al medio o a los órganos, sin dejar de mencionar los factores relacionales, mentales individuales, que impactan en la MEC de un modo aún impreciso,y aparece, luego de este estrés,en primer lugar, una acumulación de tóxicos en el tejido adiposo, y cuando éste es excedido, el síndrome químico múltiple o el síndrome metabólico, o ambos.-Aún la medicina discute si en realidad lo es, aunque en España ha sido reconocido como entidad por parte de las autoridades de salud pública nacional desde el año 2010(S.Q.M.).

Hemos visto, como asimismo en innumerables citas bibliográficas, el mecanismo complejo, en el que intervienen miles de moléculas de la M.E.C., cómo el síndrome químico se exterioriza como alergias, la íntima relaciones con la fibromialgia, las intolerancias alimentarias, variados síntomas desde cefaleas y parestesias. Desde estos problemas, donde se producen y se exponen las alteraciones del medio extracelular, un poco más y brota el ya conocido y siempre relacionado con los problemas crónicos por la aparición de las sustancias reactivas del oxígeno y las anteriores, que es el síndrome metabólico, cuando no aparecen juntos, o a la inversa.-

En resumen:

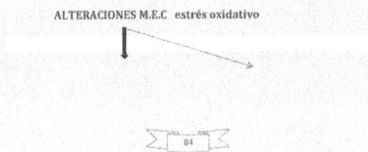

ALTERACIONES M.E.C   estrés oxidativo

SÍNDROME QUÍMICO MÚLTIPLE

↓ ↙

SÍNDROME METABÓLICO

↓

ENFERMEDADES CRÓNICAS

SENSIBILIDAD A INFECCIONES ↑

(AGRESORES EXTERNOS)

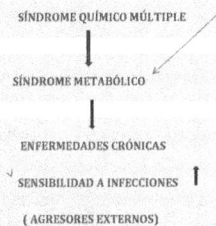

A simple vista parece un salto simplista desde las alteraciones de la M.E.C. , al síndrome químico múltiple, síndrome metabólico y afecciones crónicas, como a la frecuencia de aparición de la gran mayoría de las infecciones por la fragilidad de la misma. Pero todos los trabajos de investigación detallados anteriormente y los que se mencionarán luego, indican tal proceso y no otro, y como un proceso variable y complejo, tal el sistema mismo en que se inserta. De qué modo, y cuáles son las moléculas y lo procesos en los que intervienen, y las alteraciones electrónicas y de las distintas vías que conducen a la apoptosis, el crecimiento tumoral, o las diversas enfermedades crónicas, son tópico de futuras investigaciones, aunque algunas pocas de ellas han sido identificadas, no así su mecanismo y/o proceso.La ausencia de las mismas se encuentran en

las carencias económicas necesarias, pero los motivos y causales de tales carencias correponden a otro nivel de análisis.

Como tampoco este trabajo es una creación surgida de la nada. La teoría metabólica tiene sus orígenes en la mitad del siglo pasado con la desarrollada por Meny Bergel, Profesor Titular de Dermatología de la Facultad de Medicina de la Universidad Nacional de Rosario,, y confirmada y continuada por el australiano, Marshall Plitt. Bergel no solamente confirmó la teoría metabólica sino también la eficacia de su aplicación en el campo terapéutico, con la utilización de los antioxidantes en la lepra, como los mismos en la tuberculosis Plitt en Australia,(2), lo que confirma la eficacia de una normalización de la .M.E.C como modo terapéutico en la solución de las llamadas infecciones externas crónicas, y cuya aplicación en la historia epidemiológica del helicobacter pylorii puede tener su eficacia y solución más práctica, eficaz e inocua en secundarismos, si ello se intentase investigar. La utilización de los antioxidantes tiene ya varios años de aplicación, pero ni los estudios son completos, ni los modos en que se utilizan parecen ser los más correctos en muchos estudios.(3)Pero su utilidad viene demostrándose poco a poco.

En pocas palabras, la demostración de que el medio extracelular del ser humano,es quizás el factor predominante en algunas afecciones crónicas producidas aparentemente por gérmenes, cuando estos aparecen en realidad luego de tener este medio apropiado y no ser el causante; así el medio también es el factor predominante donde ocurren las alteraciones previas a las afecciones no infecciosas, como las crónicas. Tampoco es casual que suelen estar asociadas.

LOS CAMBIOS EN EL MEDIO EXTRACELULAR (M.E.C.)

Hemos observado que las terminaciones nerviosas, las hormonas, principalmente el cortisol, y las células del sistema inmunitario y sus productos se encuentran en este medio. Cuando ocurren problemas como emociones negativas, estrés o químicos o la influencia de la mente,que de un modo ú otro alteran el equilibrio del mismo,relaciones sociales, laborales perjudiciales,alteraciones externas como las alteraciones magnéticas, eléctricas, electrónicas,etc, ello conlleva problemas en la libre circulación y transmisión, principal tarea de este medio. La sobrecarga de adrenalina(y noradrenalina), el aumento del cortisol(ACTH, prolactina), el entorpecimiento del trabajo inmunitario(células T, citoquinas), producen, por un lado, consecuencias específicas de las tareas de éstas, como también problemas en el medio, en los fibroblastos y en las fibrillas, cuyas alteraciones conducen a problemas que se traducen físicamente a través de síntomas. Alteraciones que son observables en la M.E.C. como en el tejido adiposo.

No es casual que la M.E.C. conforme un veinte por ciento del peso total del organismo, como también el tejido adiposo no menos del quince por ciento, y cuando éste aumenta pueden llegar a la mitad del peso corporal, indicador más de la cadena de sucesos previos a la aparición de afecciones que de un simple aumento del peso por la ingesta.

Existe una profusa bibliografía que indica que en el M.E.C. se producen procesos inflamatorios y producción de radicales libres del oxígeno simultáneos, y ello provocan serios problemas. (4) Lo mismo ocurre en el tejido adiposo, y hay bibliografía acerca de la posibilidad de que este tejido no surja como un resultado al exceso *de ingesta solamente, sino como resultado de un exceso de químicos nocivos al organismo impedido de eliminar por variadas razones lo que indice a los fibroblastos a transformarse en adipocitos.*

Mencionamos las más importantes a continuación ,pero indudablemente hay cientos de ellas. Sumadas a las expuestas previamente, las que deben ser detenidamente leídas para la comprensión de un circuito complejo,porque así somos.

Los trabajos de investigación más arriba citados (hay demasiados existentes,por lo que se mencionan los más claros) indican una dirección contraria al enfoque bélico que hasta ahora domina la medicina, nos lleva al interior del sistema complejo del hombre, que es el .M.E.C., un medio considerado como un simple medio nutricio celular, a verlo como es: un medio que nutre y da soporte a las células, pero también las comunica, transmite un flujo energético, constituye un microcableado, pose propiedades como la tensegridad, la mecanotransducción, y variados modos de transmisión energética: química, electrónica, vibratoria, mecánica, electroquímica. Asimismo, nos lleva al exterior corporal, a las relaciones, modo de vida, complejidad social, estilos de vida, comportamientos, conductas y alimentación (tópico este último que requiere otro nivel de análisis). Como todo sistema abierto, las relaciones , sea entre personas o cosas, pueden alterar en más o en menos por mecanimos conocidos estas alteraciones del M.E.C., como ya en la década del setenta del siglo pasado lo menciona Salvador Minuchin en su libro " Técnicas de Terapia Familiar", donde se han medido las variaciones de adrenalina en los cambios emotivos productos de las relaciones humanas.

Mencionamos este cambio de perspectiva en la mirada médica, para enfatizar sobre el funcionamiento del ser humano y de qué manera, manteniendo a éste , y especialmente el M.E.C.. , en condiciones óptimas, puede conservar la integridad a pesar de los agresores externos.

Tampoco dejamos de considerar el factor mental tanto como productor de problemas de salud como de solución de los mismos (5). Del campo relacional mucho ha dicho y continúa la Terapia Familiar Sistémica.

Párrafo aparte merece el factor cultural, correpondiente al tercer nivel del sistema social del proceso de salud-enfermedad. (6)Las enfermedades de la cultura ocupan un importante espacio del conocimiento en antropología y filosofía.

Para resumir, decimos en la hipótesis que la nueva mirada hacia el objeto ser humano como tal,SISTEMA NATURAL, en su aparente integridad es el modo que la medicina enfoca al objeto de estudio, lo que amplía el campo para el logro de nuevos horizontes terapéuticos por un lado, y que los nuevos conocimientos de la fisiología del medio extracelular nos pone en una nueva perspectiva hacia la integridad del interior físico-químico del hombre y enfocar los medios preventivos en este aspecto y no tanto en los agresores externos, a pesar de que la accidentología, algunos microorganismos patógenos , tóxicos, y otros posean una alta tasa de letalidad fuera del alcance de esta mirada, pero sin duda la gran mayoría de los problemas de salud actuales e incluso agentes vivos externos agresivos, pueden ser enfocados desde este modo de ver la medicina, sin dejar de lado los conocimientos adquiridos a la fecha.

Sin embargo, la prevención y terapéutica de este enfoque médico, por lo general es inocua, más amplia y variada, frente a los fármacos utilizados con sus efectos secundarios a veces de nefastas consecuencias, los cuales se utilizan, pero no para paliar síntomas, sino solucionar problemas. Lo mismo puede decirse de los métodos físicos, a sabiendas de que muchos de ellos son utilizados para el diagnóstico de cada vez mayor precisión y a la vez costo, y recuperando sus posibilidades terapéuticas de eficacia (7).

Que toda esta innovación del campo médico requiere de nuevas investigaciones no cabe duda alguna , como también de que el pensamiento lineal de la lógica metodológica empirista no tiene las posibilidades para explicar y apoyar éstos, razón por la cual deben crearse nuevas metodologías en el campo de conocimiento del pensamiento sistémico, de los cuales muchos intentos posee la terapia familiar sistémica,, como la búsqueda de atractores o puntos nodales para el cambio.

No quedan dudas que este modo de ver la medicina abre nuevas perspectivas. Hasta ahora, se ha pensado como cuerpo químico que somos; el pensamiento de el ser humano como sistema nos hace ver que la farmacología tiene un lugar, pero asimismo la física, las diversas formas de energía, como el magnetismo con su historia, la electrónica, y otros modos energéticos de tratar los problemas de salud (8).

No podemos dejar de mencionar, en razón del aumento logarítmico de las afecciones crónicas, el papel de la alimentación. Mucho se ha escrito sobre los aspectos negativos de los alimentos procesados, de la innumerable cantidad de químicos que terminan inundando el organismo, de las incentivaciones realizadas a la fecha acerca de los modos de cultivo, de crianza de animales para faena, de que las indicaciones del mercado marcan un sentido ilógico en la producción de estos alimentos, y son altamente nocivos para la humanidad, y supuestamente sacrifican la importancia de esta toxicidad por el rendimiento económico, y aún bajo un supuesto erróneo de dar alimentación para todos. Una falacia que ha traído las consecuencias de los problemas de la epidemia del siglo, y cuyos oscuros propósitos pretenden pasar inadvertidos. Que esta multiplicidad de sustancias químicas alteran el normal funcionamiento del tercer sistema o medio extracelular, no quedan dudas (9). Otro modo errado (o con propósitos inconfesables quizás?) de alterar los ecosistemas y de alterar el organismo humano con inundación de químicos, muchos de ellos con marcada toxicidad, cancerígenos algunos, disrruptores endócrinos otros, productores de problemas crónicos, pero tras el concepto belicista que la cultura ha impuesto con resultados a la vista. La toxicidad aguda y crónica de los pesticidas ha sido confirmada, a pesar de una larga controversia de exposiciones en contrario por parte de las empresas que se han apropiado de la biotecnología alimentaria y de los agrotóxicos, a pesar de tildarse como "fitosanitarios". (10)

La aparición y aumento de la industria de los alimentos procesados ha ido en consonancia con la curva epidemiológica del ascenso de las afeciones crónicas, y no es una casualidad, simplemente denuncia un hecho no debidamente estudiado por los responsables de la salud pública de cada región, salvo pocos países donde se intenta frenar a pesar del peso económico de las grandes empresas. Desde la década del setenta del siglo pasado, concurrentemente con los cambios de la industria alimentaria, la curva en ascenso de las enfermedades crónicas no es un hecho casual, como tampoco aislado de las tasas de incidencia de cáncer.

(Ultraprocesamiento de Alimentos y Enfermedades Crónicas,Implicaciones Para Las Políticas Públicas", Carlo Augusto Monteiro y María Laura Da Costa Lauzada,Universidad de Sao Paulo, 2015")

No se deja de pensar que " los factores de riesgo" de los problemas de salud, sean las condiciones socio-económicas, laborales, educativas, nivel de ingresos ,es decir, aquellas que presdisponen a que el medio extracelular de las personas se altere y sea una puerta abierta a éstos. Como planteamos, las relaciones , sean sociales, grupales , familiares, tienen su traducción química en el ser humano, como la tienen los problemas que hoy denominamos psicológicos o psiquiátricos, como también ocurre en la aparición y desarrollo de la violencia y agresividad, sea contra otros seres o contra si mismo .

La historia de la alimentación de los humanos es un relato curioso al leerlo a la distancia, pero es un relato verídico y que deberíamos conocer un poco más ("Evolución de la Alimentación Humana", J. Caludian, Dupin y otros,Ed.Bellaterra, 1997)

Lo que se ha obviado en los contenidos acerca de los alimentos procesados, son el alto contenido de sustancias químicas que alteran la fisiologia de la M.E.C., por un lado, como la presencia de agrotóxicos en los alimentos que se recomiendan, frutas,verduras, hortalizas, que en su gran mayoría los contienen y cuya presencia y ulteraciones en la M.E.C. no han sido debidamente estudiados, aunque las consecuencias sobre humanos y otras especies están ampliamente expuestas.

Así, desde las alteraciones que se producen en el M.E.C. del ser humano, que llevan a la apoptosis celular, a la muerte de las

mismas, o a su reproducción incontrolada, previo proceso inflamatorio causado por las sustancias reactivas del oxígeno, producen el principio lo que hoy se denomina "síndrome químico múltiple", pasando luego al "síndrome metabólico", de modo separado también, y luego a la producción de enfermedades crónicas, como asimismo, en etapas previas o consonantes, una franca disminución del sistema inmunológico que facilita las infecciones.

Dejamos constancia de los apoyos bibliográficos a los que se debe remitir, ya que lo que se expone no es una simple construcción mental unipersonal, sino condensa un cúmulo de conocimientos previos y actuales, desde varios campos a los que se remite. El hecho del giro de pensamiento propuesto no intenta desplazar a los conocimientos existentes, al contrario, aunarlos con lo nuevo, a pesar de la brecha de investigación que requiere del desarrollo de un nuevo campo metodológico, como la propuesta por Kennet Gergen (11) al que los denomina "escenarios emocionales".También son necesarios los "reductores de complejidad", aplicando indicadores de confiabilidad y validez, como los indicados por Bloch, Troncoso y otros (12) en la epidemiología social, como un modo de comenzar esa ardua tarea, la triangulación de métodos canti y cualitativos, y otros.

El estrés, producido por las tensiones de la vida cotidiana, la escasez de tiempo, la densidad del tránsito y demoras, horarios amplios de trabajo, poco tiempo de descanso y menos vida familiar, hacen que el sistema vegetativo trabaje en exceso en la matriz extracelular descargando las catecolaminas, como al igual que los químicos,el sistema endócrino, con el cortisol, y el sistema inmunológico con las alteraciones de los linfocitos y los alergenos.

Ello tiene el costo de producir problemas ,que se inician con la cadena inflamatoria tras la aparición de los radicales libres. La vida insegura, miedo, amplían las condiciones desfavorables y la consecuente aparición de síntomas como algias , cefaleas, contracturas, fatiga, estados tensionales, y luego problemas más serios como la hipertensión arterial denominada hoy esencial. A este punto, las personas por sí mismas, no pueden producir cambios sociales, pero sí tiene conciencia y suficiente educación, pueden al menos mantenerse sanos, o corregir las fallas a tiempo.

Tóxicos para nuestro organismo son todas aquellas sustancias que terminan, de un modo ú otro, circulando por la matriz extracelular sin necesidad, por ingesta inútil, y que recargan el delicado trabajo de la misma, dificultad que termina desencadenando también procesos inflamatorios a través de la liberación de derivados reactivos del oxígeno. A pesar de definir tóxicos a aquellos que desencadenan reacciones rápidas, pero la innumerables cantidad de aditivos, colorantes, estabilizantes, aromatizantes y demás que se agregan a los productos alimentarios industrializados ingresan en cantidades que pueden superar fácilmente el proceso de eliminación que el organismo debe llevar a cabo para no afectarlo.. Existen estudios detallados de la alarmante cantidad de sustancias con que nacen los niños de hoy, de los procesos secundarios que producen (10). Ha sido probada la falsedad de que la industrialización, como los cultivos transgénicos, traerían la solución al hambre de las personas del mundo; hasta ahora solamente problemas que están a la vista, y de una magnitud impensable. La salud pública no ha sido encarada con la seriedad que esto ha requerido.

Aquellos que dicen que tales expresiones son nada más que delirios ecologistas, por carencia de sustentos científicos, la mejor prueba son los estudios en la leche materna y los niños que lactan con tales sustancias, las tasas de cáncer con factores de riesgo por ello, las altas tasas de cáncer , malformaciones y afecciones crónicas y muertes prematuras en las regiones más contaminadas. Pero el principal motivo de la ausencia de una relación directa es la carencia de una metodología de investigación , y que quienes lanzaron al mercado estos productos debieron crear y realizar los mismos, y no acusar a quienes sufren las consecuencias de carecer de los mismos. Todos, como los anteriores terminan produciendo estres crónico en la matriz extracelular, síndrome químico, metabólico, y afecciones crónicas de modo consecutivo y gradual, con las variantes individuales propias de cada ser. En ciencias jurídicas, esta modalidad se suele denominar "inversión de la prueba".

Se contamina el medio ambiente y el medio extracelular; ambos requieren de tiempo para poder expresar las alteraciones, por lo general. Algunos, demasiados tóxicos, nos dejan ver las malformaciones de la descendencia, las discapacidades de quienes no tienen más culpa que haber nacido bajo estas circunstancias de toxicidad.(11). Percibimos que gran parte de los problemas crónicos,incluido el cáncer, tienen su razón de ser y modo de germinar, por lo que la prevención pasa más allá de la microquímica y la farmacológica con su alta toxicidad y la visión belicista, y también por girar esa idea médica hacia la matriz extracelular, hacia el interior del ser, sus relaciones, su lenguaje, su mente, sus emociones, y la pretensión de eliminar los síntomas cuando éstos son expresión de que nuestro organismo requiere cambios y a ello va dirigido este enfoque sistémico.

No se pretende con esto eliminar la idea de tratar los problemas de las agresiones externas, ya sean microorganismos o de otro orden, sino de enfatizar lo que la medicina flexneriana ha soslayado, que es la protección de nuestro interior, el refuerzo de los sistemas defensivos, y a esto apunta la teoría metabólica. Como también hacer saber, con los nuevos conocimientos, que las soluciones pueden ser farmacológicas a veces, otras son mixtas, o solamente métodos físicos, electromagnéticos, o a veces mentales,relacionales, e incluso lo que consideramos espiritual con las llamadas curas milagrosas, que hoy sabemos la causa de su ocurrencia con el pensamiento sistémico y la complejidad de funcionamiento de la naturaleza viva.

No queremos finalizar sin reiterar que el apoyo al aceitado y complicado sistema extracelular en su mantenimiento sostenido y regular, sin decir que se requiere de una alimentación sana sin agroquímicos, ni aditivos a los alimentos,tampoco modificados, y que , al decir y hacer de lo expuesto por Meny Bergel y apoyado luego en los trabajos de Marshall Plitt, trabajar sobre las alteraciones de la matriz extracelular es más práctico, efectivo, razonable y de mejor costo-beneficio para recuperar la salud. Que el medio extracelular es importante mediador entre los órganos y el exterior del sistema, y donde tanto los químicos como las emociones, la mente, las relaciones y los comportamientos y conductas tiene su impacto a este nivel, produciendo, evitando o mejorando los problemas que afectan al ser humano. Y aún llegando al mismo ADN, a través de los microtúbulos y el microcableado que conecta todo el sistema.

El serio problema que enfrenta este nuevo modo de ver la medicina, de mayor amplitud está en dos pilares: uno, es que la enseñanza de la medicina es, como el ser, mucho más compleja que lo que se dicta y regula hoy,o al menos debería ser así, lo que implica un mayor cúmulo de conocimientos por parte de los docentes y de quienes se dedicarán a la profesión, y el segundo, y quizás más grave, es que este modo evita el gran mercado montado sobre la salud, y abarcar dos frentes amplios no es nada simple. Sin embargo, ello no es obstáculo al conocimiento, y es casi la obligación de realizar la profesión al verdadero arte de curar. Flexner tuvo un gran apoyo económico,, estos conocimientos que ensamblan la naturaleza y el arte, del modo que la misma naturaleza funciona y se repara ,carecen hasta ahora del mismo, y por la simple razón de que la atención de enfermos pasa de ser un negocio a un arte. Dar a conocer lo nuevo y ensamblarlo con lo conocido es un desafío que se debe enfrentar.

Que el ser humano es un sistema complejo y abierto lo expone la naturaleza, solamente es un conocimiento reciente, pero siempre ha sido así, por lo que estudiar al ser humano como es, es la mejor manera de comprender los problemas que lo afectan, y este sistema complejo del ser nos impone ver cómo el sistema se relaciona entre sus componentes y los que se encuentran fuera de él. Los nuevos estudios indican que las relaciones del ser con la naturaleza son más complejas de lo que pensábamos, incluso las relaciones dependientes, como el magnestismo terrestre, cuyos cambios repercuten sobre nosotros, por dar un ejemplo (8), sumado a la incorporación de los nuevos conocimientos de las propiedades físicas de la MEC no tenidas en cuenta, como la tensegridad, la mecanotransducción, las energias vibratorias , etc. ya vistas en el capítulo anterior correspondiente.

Hace pocos días(octubre de 2017) se realizó la   Conferencia Cumbre e la O.M.S en Montevideo, acerca de la características pandémicas de las E.C.N.T (

enfermedades crónicas no transmisibles), y se recurre nuevamente, tras remarcar que el ochenta por ciento de las muertes en América son producidas por estas afecciones, a tomar medidas acerca de la alimentación de procesados y actividad física, y mayor presencia estatal y de los responsables de las industrias alimenticias, pero no se solicitaron mayores investigaciones acerca de las verdaderas causales y de la aplicación de las correspondientes medidas. Si desconocemos el alto contenido de químicos tóxicos y los que dicen no serlo pero que contaminan el medio extracelular, los problemas derivados del estrés por las condiciones sociales, laborales y familiares en que transcurre la vida de la gan mayoría de las personas, no se ponen verdaderos límites a los transgénicos y se reglan las normas necesarias a la biotecnología, se prohíben las fumigaciones de los campos, que han demostrado su ineficacia y mayores problemas, es decir, se abarca el problema en su verdadera magnitud, los resultados serán probablemente de escasa eficacia y eficiencia. Tampoco se habla sobre la bioacumulación ni sobre el estudio de la afectación del conjunto de químicos y su toxicidad en esta modalidad.

CONSIDERACIONES GENERALES DEL MARCO TEÓRICO.

Dentro de este amplio marco conceptual, donde gran parte de las afecciones que afectan al ser humano tienen cabida, debemos tener en cuenta : en primer lugar, los problemas genéticos, si bien son de condiciones prenatales, muchos de ellos podrían ser prevenibles, en razón de que muchas malformaciones devienen de interacciones epigenéticas con los genes, de tóxicos químicos, virus, pero asimismo, carecen de solución una vez que se presentan, salvo reparaciones quirúrgicas o intervenciones de otro orden, paliativas, pero seguramente genéticamente transmisibles.

Las enfermedades crónicas, dentro de este marco teórico, son pasibles de prevención y de un tratamiento correcto para su solución en gran parte al menos, y cuya terapia es, por lo general, inocua y de escasos efectos secundarios, teniendo en cuenta que quien se afecta, como señal de cambio del problema, debe cambiar sus conductas, hábitos y/o comportamientos.

Las enfermedades por agresiones externas, si el medio se mantiene dentro de parámetros normales, con el sistema inmunológico apropiado, o se rechazan o si se producen problemas, serán seguramente de menor magnitud. No dejamos de tener en cuenta las condiciones de vida y los pre-requisitos asentados en la Carta de Ottawa.

Las llamadas afecciones psicosomáticas, donde el peso del factor mental y cultural tiene su mayor aporte, es un desafío dentro de este marco, pero cuya terapia corresponde al arte de curar con las nuevas herramientas disponibles. Toca aquí un problema a considerar y de debate, que es el rol de la psiquiatría y la psicología individual. Si la medicina se ocupa del ser humano como objeto de estudio, se deberá debatir cómo serán los nuevos roles profesionales , en razón de que tomarían solamente un aspecto del objeto, salvo que la formación profesional se ocupe de la enseñanza global del objeto conceptual.

Otro tema son las enfermedades de la cultura. Como ejemplo tomamos el llamado síndrome menopáusico, que el que más revela que en algunas culturas y etnias tiene sus variantes y en algunos grupos tribales es totalmente inexistente. En qué medida impacta la cultura sobre la mente del ser humano afectando el todo, es un tema debatido desde hace tiempo en la antropología y la filosofía. Tal como lo menciona Foucault, "la enfermedad es, en última instancia,en una época determinada y en una sociedad dada, aquello que práctica o teóricamente se halla medicalizado".(13) Los temas más relevantes de la sociedad occidental de esta época son la sexualidad y el género en el marco de la violencia. Casi es imposible escribir un pensamiento distinto a lo que se impone. Lo que ayer era patológico hoy es normal , y la inversa también se da, y sin tener en cuenta al menos los efectos perjudiciales de lo que se pretende, o peor aún ,lo que se escamotea detrás de una supuesta igualdad.. Tras las máscaras de una igualdad se escamotean principios de equidad y lo que la misma biología marca, con el deslizamiento de la abierta posibilidad no ya de una merma de la población,sino de una sexualidad plena, y cuyos propósitos aún no han sido debidamente aclarados.. En razón de que este tipo de problemas que afectan al ser humano corresponden al tercer nivel amplio de lo social, es muy poco lo que la medicina puede aportar, salvo los enclaves biológicos y los principios éticos que deben regir la profesión. Pero debe hacerlos valer en el ejercicio pleno de su rol social.

A este último párrafo correponde mencionar lo que se debe también debatir: si la cirugía estética dedicada a la belleza, no a la reparación, es parte de la medicina o queda fuera de ella, a pesar de que se enseña en este campo. Personalmente,, queda fuera de la definición que marcamos respecto al rol de la medicina , claramente marcado por Thomas Mc Keown.

También a este último ámbito social amplio pertenece la alimentación, dado el llamado progreso y las ambiciones iniciales de un combate al hambre de una mayoría sufriente en el mundo. Bajo este estandarte han surgido los alimentos transgénicos y la industrialización de los alimentos procesados y envasados y que no ha dado más resultado que el grave problema de contaminar. Contaminar al ser humano como al medio ambiente y sin posiblidad de retroceso.

¨Que el alimento sea tu medicina y que tu medicina sea el alimento¨ (Hipócrates ,(460-370 A.C.) , ese sano y sabio párrafo de hace siglos se ha convertido en un serio problema que el mercado mundial ha creado por ambición desmedida. Hoy, y desde hace décadas , se viene luchando por una sana alimentación, y que desde el ámbito de la política de los gobiernos se dice y se enmascara a la vez. Es que la ambigüedad de llamar alimentación sana a las frutas , verduras y legumbres anteriormente no dejaba lugar a duda alguna: hoy, contaminados con pesticidas, multiplicidad de químicos y transgénicos que han llegado con más problemas que beneficios, y sobre ello son manejados por quienes mantienen un gran poder económico que trapasa a los gobiernos y a los medios de divulgación, que empujan tras de sí a gran número de científicos investigadores que intentan llenar sólo una estantería con discurso unificado y sin presuntas contradicciones, este modo de presentar una ¨sana alimentación¨ se transforma un un mero discurso con la excusa de ser lo que ya no es, y con el serio inconveniente de generar más problemas de los que ya tienen las personas.. Pese a ello, un grupo cada vez más numeroso coloca algo sobre un estante más pequeño, aunque con el serio problema de la ausencia de una metodología precisa, pero sí con evidencias de los graves problemas e inconvenientes que traen a la salud humana y al medio ambiente (14) . Tildados de ¨ecologistas¨, ¨fanáticos¨, etc., saben ya que los alimentos hoy denominados órgánicos¨ son los que realmente, sin pesticidas ni transgénicos , como ayer conformaban la¨ sana alimentación¨, y es a esta dirección donde apunta uno de los enclaves terapéticos y preventivos para la salud de las personas.

Yendo al campo del primer nivel, el del ser humano, el modo en que se producen las alteraciones del medio extracelular, compuesto por miles de moléculas , fibrillas y células, no sabemos realmente más que rudimentos acerca de los procesos y los medios químicos que intevienen en tales alteraciones, produciendo lo que Seyle denomina estrés crónico de adaptación con inflamación, que no es más que el estrés oxidativo a nivel molecular del medio extracelular.. Pero los estudios nos dicen claramente acerca de un considerable número de procesos que se alteran, como se evidencia en la bibliografía, cada vez más numerosa, pero ligada a los compuestos químicos, sin tener en cuenta los procesos electrónicos que pueden inducirlos y de qué manera (8)· Hemos remarcado ya la necesidad de una nueva metodología de investigación frente al objeto ser humano como sistema complejo, la posibilidad de tener reductores o atractores de complejidad o puntos nodales, así es la variedad de nombres que tienen dados los distintos ámbitos de origen de los sistemas, por lo que también , como ocurre el la nueva pragmática del lenguaje requiere precisión terminológica y metodologías nuevas; hemos marcado algunos intentos , dados por Watzlawick, Gergen, y otros provenientes de la sociología , como Rolando García.

ALIMENTACIÓN   RELACIONES· EMOCIONES   SOCIEDAD

ESTRÉS

SER HUMANO (M.E.C. PUNTO NODAL)

(ESTRÉS OXIDATIVO)

PROBLEMAS DE SALUD

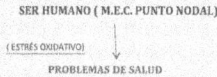

Esquema que compendia las relaciones de los procesos entre los niveles, siendo el medio extracelular (a lo que se adiciona el sistema endócrino del tejido adiposo, surgido de los fibroblastos), y que intenta resumir la complejidad de los procesos que alteran el organismo.

Intentar comprender la complejidad de los procesos en su totalidad es lo que puede permitir mayores soluciones a las que se vienen intentando a niveles microscópicos y moleculares, aunque puedan a ese nivel encontrarse asimismo, atractores que conformen soluciones parciales o totales los problemas. Pero las intervenciones sistémicas indican una mejor probabilidad e ingerencia en las mejorías y soluciones a los problemas.

Pretender aclarar el polémico debate entre el pensamiento lineal positivista de la lógica forma metodológica y el sistémico, creemos y sostenemos que no solamente es estéril y destructivo, sino que carece de utilidad: por el contrario, el cambio de objeto (mónada), a las relaciones entre los mismos (campo intermonádico), corresponde por el cambio de nivel; es decir, son complementarios, no antagónicos bajo ningún aspecto y están destinado a ampliar logarítmicamente el campo del conocimiento humano. No podemos continuar con igual metodología de estudio frente al cambio de nivel, por no ser aplicable; éste lo es en el primer nivel. El problema, así termina reduciéndose a la aplicación de criterios analógicos para el estudio relacional. Veamos, entonces, en qué lugar colocamos el marco teórico :

SOCIOLOGÍA	SALUD PÍBLICA	EPIDEMIOLOGÍA	PROC.SAL.-ENF.
T.de los Sist	Def.Winslow	MARCO TÉORICO	Nivel 1.
Complejos	mod.por Terris	(EP.SOCIAL)	Nivel 2.-
			Nivel 3.-

Hemos descritpo la terminología conceptual, el marco teórico sobre el que descansa el marco teórico propuesto. Hemos observado en sociología la aplicación y sus posibilidades fácticas de ampliar los conocimientos transdisciplinarios; en la epidemiología social, referida al colectivo "familia", que se toma en general por la pertenencia a clases sociales o nivel socio-económico, dependientes estos de la sociedad: procesos productivos, determinantes políticos, económicos, culturales, educacionales, y en el proceso de salud-enfermedad también por el sistema de atención médica curativa.

Limitando el enfoque al proceso de salud-enfermedad, dinámico, que se da en individuos en crecimiento y desarrollo o en etapas posteriores en tiempo vital,desde la concepción hasta el fin que a cada uno le toca. Señalamos también que los cambios, si bien en tiempos distintos corren en el proceso de salud-enfermedad y en el hombre, tal ha sido observado en la naturaleza. Desde la pediatría, por ejemplo, se monitorea el campo dinámico del acortamiento supuesto observado en la dinámica de la etapa de la pubertad, hecho también visto en la epidemiología en la incidencia de la prematurez. Se connota lo anterior para evidenciar la profunda imbricación entre lo social y lo biológico, hasta desconocer el límite entre ambos campos. Así también los límites entre cada ser humano y lo exterior a él pueden llegar a ser difusos, viendo las interrelaciones energéticas con el campo magnético, con las relaciones familiares, con las emociones, que Gergen atribuye como un subproducto de la relaciones. Saber que la independencia y libertad está acotada por muchos factores, quizás no sea bueno a los pensamientos de sentirnos libres, pero la naturaleza está conformada de este modo.-

---------------------0---------------------

BIBLIOGRAFÍA:

1.- Kennet Gergen: ¨Realidades y Relaciones: Una Aproximación a la Construcción Social¨; espec. Cap. ¨Del Yo a la Relacion¨,p-231-233

2.- Lepra Infecciosa._ Metabólica¨, Meny Bergel, Estudio Sigma,Buenos Aires, 2003 . Y Marshall Plit, Bacilos TBC multirresistentes y empleo de antioxidantes, 2000, Congreso Bs.AS.

3.-Qué son y para qué sirven los Antioxidantes: Jaime Humberto Ramírez Hernández y col., La Ciencia y el Hombre, Vol.XXV,No.2;mayo-agosto 2012.

4.-Radicales Libres, Inflamación y Alt.del Medio Extracelular: rf. Citadas de 1 a 38 citadas previamente..

5.- Salvador Minuchin: ¨Técnicas de Terapia Familiar,Ed.Paidós, 1988.

6.-¨Cultura y Salud: Elementos Para el Estudio de la Diversidad y las Inequidades. ¨María Claudia Duque-Páramo,Investigación en Enfermeria,Imagen y Desarrollo,Vol.9,No.2,Bogota,Colombia,Jul._Dic 2007.-

7.-Pérez R.M. y otros: ¨Estimulación Magnética en Fractura de Colles¨, SEMERGEN,2011, 37 (2) , 69-73.

8.- James L. Oschman: "Medicina Energética : La Base Científica", Uriel Satori Editores, 2003.

9.-Medardo Ávila- Vázquez, Ägricultura Tóxica y Pueblos Fumigados en Argentina",Biblioteca Universidad Nacional del Litoral, Argentina,No.4, En-Nov.2014.-

10.-Nicolás Olea Serrano: Conferencia: "Pesticidas, Detergentes,Plásticos y Otras Hormonas". En I Congreso de Alimentación Conciente,12 y 13 de marzo 2011, Barcelona; España.

11.-Kennet Gergen (1)

12.- Bloch E, Troncoso M.C y otros: "El Proceso de Salud-Enfermedad en el Primer Año de Vida: Estudio de Una Cohorte",Rosario, 1981 (2ª.Parte),Cuad.Méd.-Soc. C.E.E.S.,asoc.Méd.de Rosario,,No.331985,p.3 a 34 y conclusiones;.p.32 a 34.

13.- Foucault, Michel: " La Vida de los Hombres Infames", Ed,de la Piqueta,Madrid, 1990.

14.- Jeffrey Smith: "Semillas Peligrosas,las Mentiras de la Industria y de los Gobiernos sobre lo que Comemos",, Ed.Atlántida,Bs.As (Contrapunto),2006.- y "El Veneno Nuestro de Cada Día", Merie-Monique Robin, Ed, de la Campana, 2012.-

VI.-

NUEVOS ENFOQUES TERAPÉUTICOS –

ALGUNOS RESULTADOS.

La consideración de que al abarcar el ser humano , y más allá de la división artificial de mente, cuerpo y espíritu, nos trae las nuevas y otras no tanto, herramientas terapéuticas para utilizarlas, y sabiendo que cada ser es único, en sí mismo, en sus relaciones con los demás, en su ambiente, trabajo, modos de vida, conductas, comportamientos, utilización de su inteligencia, sus emociones (x), químicos múltiples en el organismo,etc.,por lo que la conveniencia de no rotular problemas, sí conocerlos por su fisiopatología, hace de las mismas un cúmulo que será aplicable uno o más de ellos en cada caso particular. Ello implica conocer a fondo en la medida de las posibilidades el funcionamiento de cada sistema complejo del ser humano ,sus relaciones, y aplicar los mejores recursos que harán las diferencias , a veces sutiles, y ello es el verdadero arte de curar. Hemos aprendido a medir, clasificar, cuantificar, sopesar y subclasificar cada una de las afecciones del hombre, pero de modo lineal. Esta vez estos modos pueden ser orientativos pero nunca indicativos de una terapia específica a cada ser humano distinto, y a veces con un solo modo o con variados métodos químicos, físicos, mentales, relacionales, espirituales. Mientras, también, no se *conozcan métodos adecuados de investigación y se aproximen un poco más a la certeza.*

Entendiendo también que los síntomas son un llamado de cambio que requiere cada ser, no un problema a aplacar o hacer desaparecer rápidamente.

Escribir sobre terapéutica sobre el ser humano, cuando se trata de un sistema complejo y abierto, es abrir el abanico e ir más allá de la farmacología, base de la medicina clínica actual (no se cuestionan las intervenciones qurúrgicas, ni los adelantos de terapia intensiva, traumatología,inumizaciones,etc..) para sumar a los métodos físicos, como la quinesiología,, magnetoterapia, aplicación de ultrasonidos, cambios en la alimentación, en las conductas, comportamientos, hábitos, los problemas emcionales enraizados y que pueden alterar la fisiología, y los fármacos no se evitan, solamente se intenta abandonar a las medicaciones crónicas para aplicar algunas inocuas de corto plazo, siempre que ello sea posible (lo es en gran parte), las que serán utilizadas un corto tiempo, hasta normalizar el medio extracelular del sistema,el que funcionará nuevamente de modo homeostático dentro de nuevos límites o el regreso a la normalidad que mantengan el sistema. No se pretende abandonar la química, al contrario, es notable su utilidad, pero en tiempo breves y dosis adecuadas para resolver los problemas, sumada a otras intervenciones terapéuticas.

Esto también abre el abanico crítico hacia aquellas modalidades de la medicina que llamamos alternativas, ya que muchas técnicas y herramientas terapéuticas pueden tener su origen en estos cuerpos doctrinarios , pero sin tener en cuenta sus doctrinas, pero sí su aplicación sabiendo el funcionamiento complejo de química,energía y la física del sistema. Oschmann nos lleva en su libro a pensar en ello, como los lineamientos dejados por Louisse Hay (x), con el enclave del sustento teórico–práctico de la terapia familiar sistémica.

Paul Watzlawick (x), también , con la pragmática de la comunicación tiene un lugar en la terapia; sus aportes aplicados a las relaciones humanas,enfatizando el espacio intermonádico, para la comprensión de la estructuración de las realidades personales, utilizando los recursos de la metacomunicación y otros.

*Hagamos un muy breve repaso acerca de las llamadas medicinas alternativas, de las que se extraen algunos fundamentos y cuerpos doctrinarios de su quehacer, pero **bajo el conocimiento sistémico**.. Entendemos que algunas de ellas ocupan espacios ya milenarios, otras poseen aprobaciones parciales para su uso en servicios y algunos clautros, dada su eficacia terapéutica en algunas afecciones. Que carezcan de investigaciones es por muchas razones, económicas principalmente, y porque la medicina flexneriana no le da la importancia necesaria, y cuyas motivaciones son para una polémica que no entra en este escrito.*

Existen medicina globales:

> a) <u>Medicina Ayurvédica</u>: *desde el siglo IV A:C:, la medicina india viene trabajando bajo fundamentos que nosotros, occidentales, no comprendemos adecuadamente. Con tal cuerpo doctrinario,la dieta, la herboristería, abarca cuerpo y mente, Existe como carrera en India, y se acusa de que algunos medicamentos tienen carga excesiva de metales pesados. Pero engloba al ser*

humano, moneda corriente en su país de origen y algunos centros occidentales. Debería investigarse mejor su eficacia clínica. Creencias y cuerpos dogmáticos frente a una ciencia lineal empirista es inadecuado, requiere nueva metodología.

b) *Nueva Medicina Germánica: Hammer ha sufrido por hablar y trabajar sobre algo nunca estudiado seriamente. Que a partir de su experiencia personal haya encontrado una razón mental para afecciones serias como el cáncer,nos dice que quizás ello pueda ser posible,aunque no todos estos problemas tengan este origen. Hoy sabemos más del poder de la mente,de enfermar y sanar por la influencia mental. Pero crear un cuerpo doctrinario global aparece como algo poco explicable, sin pensar que otros elementos,como el medio ambiente, la química,y otros factores, puedan influir sobre la complejidad del ser. Conveniente es que se investigue adecuadamente; tampoco existe metodología adecuada para ello.*

c) *Homeopatía: una de las viejas medicinas tradicionales, acusada de diluciones inefectivas. Sin embargo, las investigaciones de la física moderna,demuestran que desde pocas partículas puede modificarse el estado del agua, como así el sonido, la vibración , ejercen efectos sobre la química. Se abandona la posibilidad de tener ampliaciones del ejercicio habitual, teniendo argumentos consistentes desde los nuevos conocimientos. Carece de investigación adecuada.*

d) *Biodescodificación:* *basada en la programación neurolingüística, en la hipnosis ericksoniana y en el trabajo sobre las emociones (bioneuroemoción, así llamada), como vemos, trabaja sobre todo el ser, pero especialmente como si todas las afecciones aparecieran y/o pueden tratarse por las estructuras mentales, sin saberlo a ciencia cierta. No obstante, a la luz de los nuevos conocimientos,puede decirse que utilizan técnicas derivadas de la terapia familiar sistémica (1) y de los nuevos trabajos sobre los efectos de las emociones y, con ellas, .las relaciones humanas. Debería comprenderse que posee herramientas probablemente útiles y científicas, más allá de su cuerpo doctrinario. Investigaciones existentes, que se refieren.(2)*

e) *Fitoterapia: medicina natural, y la utilización de vitaminas y minerales , podrían tener asidero, ya que existen investigaciones al respecto, especialmente en los claustros universitarios de Cuba y otros países (3).Pero la mayor contribución la encontramos en la presencia de las* *sustancias <u>antioxidantes</u> y elementos de depuración del organismo para ayudar en limpieza del medio extracelular.*

f) <u>Medicina energéticas y corporales</u>: <u>Drenaje linfático, reiki,quiroporaxia, zigong</u>, y como lo ha escrito y argumentado (como el apoyo bibliográfico) James Oschmann con sus investigaciones, hasta una suave caricia posee un efecto terapéutico, por lo que más allá de ser un conjunto de técnicas, tienen hoy su basamento científico.

<u>Medicinas,energéticas:magnetoterapia,electroterapia,fot oterapia,cristaloterapia,aromaterapia,bioenergía   y otras</u>, tienen las posibilidades abiertas que la física y la química actual han demostrado lo suficiente para argumentar que las mismas tienen eficacia. La magnetoterapia,hoy realiza su práctica desde la quinesiología, en razón de haber podido demostrar su eficacia y de modo práctico (ya referido texto bibliográfico).

La ausencia de una metodología práctica y confiable de investigaciones a crearse, y la necesaria apertura mental para ello,abre el campo de la ciencia médica.

Si analizamos con más claridad , gran parte de las alternativas tienen su basamento en el amplio marco teórico de las terapias familiares, especialmente la sistémica, por lo que remitimos al lector a la profusa bibliografía escrita en las últimas décadas, desde los pioneros de las terapias de familias, que han ido marcando que el campo de las relaciones entre los humanos forma parte de los mecanismos de enfermar y de sanar, conformando puntos nodales o atractores para acceder a las soluciones, lo que amalgama técnica y arte, desarrollo teórico y praxis .

Hemos realizado un abreviado detalle de los recursos posibles para este nuevo campo que va más allá de la farmacología clínica y abre perspectivas de eficacia, bajo costo, de investigar las posibilidades de que las afecciones que hoy consideramos crónicas dejen de serlo.

Un más claro panorama y con mayores detalles lo dejamos para un espacio específico de Terapéutica de la Nueva Medicina, ya que este libro está escrito para mostrar una nueva realidad de la complejidad de lo que somos, de la complejidad que el conocimiento médico debe abarcar y sus modos. Mencionamos que incluye a la Terapia Familiar Sistémica, que ha demostrado su fructífera eficacia terapéutica.

Que la medicina abarque a la complejidad toda del ser humano por la obviedad misma, por la apertura a amplias posibilidades curativas, y entender que la naturaleza misma es compleja y que nosotros, como seres humanos no somos tan independientes y libres como creemos; somos dependientes de lo externo, del medio ambiente, de las relaciones, de los ecosistemas más amplios, hasta de los cambios sutiles del magnetismo terrestre (4).

Hemos sintetizado una aplicación de los ejes teóricos fundamentales para comprender mejor lo que asentamos y lo exponemos, entendiendo a los problemas de salud como una señal de cambio, no como un problema del sistema a resolver. De este modo, atender al ser humano puede sea más complejo, pero nos abre el panorama para volver del enfoque belicista al mantenimiento de los sistemas, tanto el nuestro como los ecosistemas, que ya vemos cómo la intervención del hombre los afecta. Y esto es útil tanto para los problemas crónicos que hoy configuran la "gran epidemia", como para evitar, o al menos aminorar las agresiones de los agentes externos. El pensamiento belicista no ha llevado a un callejón sin salida: los microorganismos nos demuestran que a pesar de la pretensión de extinguirlos, poseen mecanismos de superviviencia que los vuelve resistentes a la artillería aplicada. Tanto con los antibióticos, como con los agrotóxicos, sucede lo mismo: solamente la rentabilidad económica puede barajarse como sustento de su insistencia en la aplicación y no pensar en la existencia de mejores vías alternativas de utilidad, para preservarnos como seres humanos y al ecosistema que nos sustenta.

El medio extracelular es casi el punto nodal o el atractor más claro donde transcurre la patología que luego se transforma en una variedad de síntomas y signos para determinar una patología a la que aprendimos a definir, clasificar, categorizar, aunque a muchas de ellas no le hemos encontrado los orígenes. Ver solamente una parte del todo es lo que impide avanzar y obliga a abarcar el complejo sistema del ser humano para comprender la enfermedad y la salud. Así lo que hasta ahora es psicosomático, psiquiátrico, o incluso demoniaco, conforma un modo de ver la realidad de la complejidad, donde la salud desde el punto de vista profesional se entrecruza con lo físico, químico, mental, espiritual y relacional para poder comprender y utilizar el arte y las técnicas necesarias para las soluciones.

La utilización en la terapia de los procesos que alteran la salud, sean métodos físicos, como magnetoterapia, ultrasonidos, masajes, y otros métodos , químicos como la fitoterapia, vitaminoterapia, antioxidantes, recursos desde las técnicas sistémicas de la terapia familiar, y la inevitable alimentación adecuada, conforman un manojo de recursos a aplicar de determinado modo, quizás único en cada paciente, dado que su totalidad así lo es, y ello es un desafío a que el profesional de la medicina sea,sin duda, un verdadero profesional de arte de curar.

Para finalizar, como se ve y lo observamos claramente, más allá de la multiplicidad causal de los problemas, ellos repercuten en el atractor más notable del sistema, que es olvidado flexneriano: el medio extracelular y su anexo, el tejido adiposo.Ello nos permite ver con más claridad la complejidad sistémica: al menos el trabajo sobre el más notable atractor es, quizás lo más práctico y lo hace más simple: nos permite, por un lado, dejar de hablar de problemas crónicos y saber, asimismo , que los problemas confluyen y las mayores alticioness son observables en este terreno.

ALIMENTACIÓN SANA .-

_Hemos dejado para un párrafo aparte el tema de la alimentación sana, por varias razones. Una, es el empuje desde la O.M.S por la misma, pero debemos aclarar las diferencias: mientras se fomenta la misma, no se habla absolutamente una palabra acerca de los alimentos supuestamente sanos que, en gran parte se encuentran contaminados por los hoy denominados "fitosanitarios", que no son más que contaminantes indeseados del medio extracelular y que, junto a los alimentos ultraprocesados provocan un exceso de la carga de trabajo del organismo para su eliminación y provocando cuando ello se torna cuantitativamente pesado, en aparición progresiva de enfermedades crónicas, alergias y otras, como hemos visto. No hay argumentos que expliquen razonablemente el uso de agrotóxicos para la producción agrícola y ganadera;bajo el pretexto no demostrado de alimentar a todo el mundo, se ha *realizado una fábrica de enfermedades que sostiene otro gran negocio que son los fármacos para las afecciones crónicas. La otra diferencia de la alimentación sana", es que la misma debe carecer, o al menos disponer de la mínima expresión, dado el alto grado de contaminación no solamente del suelo, sino la transmisión aérea y por otros medios conocidos de los químicos contaminantes, y que no son solamente los utilizados en el agro: aquellos innumerables de las industrias químicas que también son cancerígenos, disrruptores endócrinos y desencadenantes de alteraciones en el ser humano y en otras especies, de lo cual existen ya demasiadas evidencias científicas. Queda mucho por explicar y argumentar tal diferencia, pero ésta es la más clara y evidente. Los consejos van a continuacion:*

ALIMENTACIÓN DIARIA PARA ENFERMOS CRÓNICOS (Y SANOS). CONSEJOS

Estas líneas pretenden aconsejar a aquellos afectados de afecciones crónicas, qué tipo de alimentos son los más racionales para mejorar sus problemas en general, para su mejoría, y es extensivo a todas las personas que puedan reflexionar acerca de los inconvenientes y sustancias agregadas a los alimentos convencionales y muchas veces productores de enfermedades por su contenido, por su procesamiento, su factura de elaboración, traslado, empaque y otros procesos intervinientes., lo que podrá mantenerlos sanos a medida que transcurra su vida. Y como tales, consejos, para cada caso en particular, deberán ajustarse las proporciones de proteínas, hidratos de carbono y grasas, la cantidad de calorías de acuerdo a la edad, gasto diario y otros aspectos particulares, por lo que para ello un nutricionista podrá ajustar tales parámetros.

- Hágase a la idea de que lo nuevo no es tan malo ni desagradable, y que, en el mejor de los casos, un cambio en la alimentación destinado a un mejoramiento de su salud, que notará en poco tiempo, lo estimulará a la continuidad del mismo y a cambiar también Ud. mismo.

-Busque ingerir la cantidad adecuada y equilibrada de los alimentos, y , en caso de sobrepeso, a una disminución de los hidratos de carbono y grasas acompañado de un aumento de la actividad física.

-En la diabetes la disminución de las proporciones de los hidratos de carbono, y en la hipertensión la sal, extensiva a todos, sólo el mínimo necesario .

-Que la cantidad de proteínas sea siempre la suficiente para el requerimiento de la renovación celular de su organismo y los intercambios permanentes que requiere. Las restricciones deben tener en cuenta este punto .

-En el entendimiento de que los alimentos ,procesados o no,contienen en su mayoría agregados nocivos para sus riñones, y en general, para todo su organismo,con el consecuente sufrimiento celular, tenga en cuenta lo que sigue a continuación (lea en este blog el problema de los tóxicos en los alimentos, si desea más información, también la encontrará en internet) -

-El consumo diario de alimentos serían aquellos denominados orgánicos, es decir, aquellos que el hombre cultiva en tierra no contaminada, y los que no utilizan químicos en su cultivo, elaboración, procesamiento y conservación, y en lo posible, los no transgénicos cuando se trata de vegetales, dado que éstos aún no han sido bien estudiados los inconvenientes a futuro (busque más información si desea, o pregunte). Encontrará, a pesar de ello, que muchos productores de este tipo de alimentos no tienen la adecuada información acerca del envasado de los mismos, y muchos utilizan plásticos o cartones reciclados, lo que les adosiona lo que evitan contener. No es fácil alimentarse hoy con alimentos que carezcan totalmente de agregados tóxicos.

-No son aconsejables las carnes, ni rojas ni blancas. Las rojas por su industrialización intensiva , traen agregados de hormonas, antibióticos, y no se sabe aún los problemas de animales de pastoreo y rumiantes obligados a espacios cerrados y alimentados con cereales, las transformaciones proteicas y energéticas que podrían generar mayores problemas. La producción de aves intensiva, también contienen hormonas y otros agregados, con excesiva grasa entre sus fibras musculares, nada fáciles de eliminar, y sí de causar mayores problemas que beneficios, a lo mismo que los huevos. De los pocos, ya existen varios estudios de los contaminantes que poseen en sus carnes, desde metales pesados, mercurio,plomo , disruptores endocrinos por los plásticos, y otros estudios acerca de la feminización de peces por estas causas. Esto va tanto para los peces de mar , como los de ríos. Si consigue huevos de granja y pollos de campo, quizás puedan evitarse estos inconvenientes. Y hay preparados de vegetales parecidos a las carnes. Salvo tenga la posibilidad de encontrar animales criados a la vieja usanza, sin hormonas sintéticas ni antibióticos negatóxicos en su mayoría.Pero como una vez por semana, será suficiente. Pescado si es recomendable, a pesar de las aguas contaminadas, una vez por semana, por el alto contenido en aceites esenciales.

- No son recomendable los lácteos y derivados. En los tambos industrializados se les agrega hormona de crecimiento (de problemas conocidos), y que las produce mastitis , lo que secundariamente reciben y se les inyectan a las vacas antibióticos tóxicos para humanos, agregados al pus de las mismas, que la leche contiene. En el yogur y más en los quesos, estos tóxicos se encuentran más concentrados. Sumado a que los envases contienen ftalatos, bisferol A, y/o polibromados y otros, que se agregan a los productos. En algunas dietéticas podrá quizás encontrar queso de cabra solo o con especies, que quizás puedan reemplazarlo, o tener la suerte de encontrar loss que algunos denominan "animales felices".

-Los vegetales y frutas , la base de la alimentación, serán como dijimos los orgánicos, los encontrará.

-Semillas, aceite de oliva, nueces, almendras, maníes, y otros, podrán , con adecuado balance diario, proporcionarle la cantidad de aceites esenciales ricos en antioxidantes y vitaminas, necesarias para la renovación de las membranas celulares.

-AGUA : es importante que posea un filtro de carbón activado con poros de 1 a 5 micras, para eliminar los agregados que pueda contener, si es potable, el cloro, o las minerales los carbonatos,fosfatos y otros, innecesarios que sobrecargan el trabajo celular, lo necesario ya está en la alimentación. Hay jugos de frutas orgánicas, un poco caras, pero frescos y con vitaminas y antioxidantes. Es aconsejable agregarle al agua de bebida diaria (de 1.5a 2 litros/día) jugo de limón fresco, y hay quienes le agregan un poco de bicarbonato, pero tenga en cuenta el sodio si tiene problemas cardíacos.

Después de todo, dirá: o no como, y tiro todo y sigo como está y listo. Usted elige los pro y las contras de su propia decisión. Podrá decir también que es caro. La respuesta es que, en primer lugar , si prueba, en pocos días notará los cambios por un lado, y respecto del costo, tenga en cuenta que el gasto en alimentación de esta naturaleza siempre será menor a los gastos en reparar la salud, y si mejora ahorrará, no lo dude. Y si se cura gana. Tenga en cuenta que en nuestro país ya se exportan orgánicos a los países europeos, y con alta rentabilidad, y no compran por ser tontos o por esnobismo (indague) .-

-Si se decide, busque una verdulería y frutería de orgánicos , que en cada ciudad ya hay, una dietética y conseguirá todos los alimentos necesarios para mejorar su problema de salud desde hamburguesas de cereales, semillas, aceites, yerba orgánica,maíz, trigo, arroz, y todo lo que pueda necesitar, pero sólo lo necesario. El pan integral siempre será mejor como carbohidrato, pero tenga en cuenta del contenido alto de calcio,puede ser bueno o no, dependiendo de su problema.

 Si luego de treinta días de prueba no nota mejoría alguna, entre al blog y plantee la falsedad del escrito, puede hacerlo. Quien escribe está con esta dieta y ha mejorado sorprendentemente de su insuficiencia renal. Si no es así, queda abierta la posibilidad de que escriba su disconformidad en el blog.

-Condimente más y casi no use sal, los alimentos ya contienen.

-Evite el estrés. Evite las discusiones estériles, los enojos, la ira, en fin, los sentimientos negativos, lo que sumará para su dieta y su vida personal. Trate de lograr la paz interior buena para usted y los que lo rodean.

-Que le confeccionen un plan de ejercicios de acuerdo a sus posibilidades, regulares y caminatas diarias.Disponga dde un tiempo para ello, y un poco de tiempo para reposo, que será bueno para usted y la mejoría de su problema.

Recuerde que no se trata de una nueva dieta más, sino de un cambio en su ritmo de vida, y que sentirá los cambios, lo que estimulará la continuidad de su aparente esfuerzo. La dieta en sí puede que no sea suficiente si no le agrega lo anterior, mejorar su salud es cambiar Ud, mismo, mejorar las relaciones con los demás, y en las percepciones para enfrentar los problemas cotidianos de distinto modo, en agilizar su organismo, en aprender a respetarlo.

En resumen:

-ALIMENTACIÓN Y AGUA LO MÁS LIBRE POSIBLE DE CONTAMINANTES.

-UN PLAN DE EJERCICIOS Y CAMINATAS REGULARES Y CONTINUAS.

-MEJORAR LAS RELACIONES CON LOS DEMÁS, EVITE ESTRÉS, DESPEJE LOS MIEDOS, DUERMA BIEN

-SONRÍA MÁS, NO SE ENOJE INÚTILMENTE Y MENOS CUANDO LA SOLUCIÓN NO ESTÁ EN USTED.

-TRANSFORME LA ALIMENTACIÓN EN UNA NECESIDAD DIARIA Y PLACENTERA Y UTILIZE OTROS PLACERES PARA DSIFRUTAR DE LA VIDA, MENOS RIESGOSOS Y SALUDABLES, QUE SEGURAMENTE CADA UNO SABE QUE SIN DUDA ALGUNA TIENE.

Otro modo de ver la alimentación desde na óptica ampliada:

LA MEJOR DIETA

Siempre se busca, en razón de sobrepaso por lo general, la mejor dieta. Y cuál es ella ?
-La mejor balanceada en cuanto calorías, hidratos de carbono, proteínas y grasas?
-La que contiene menos calorías por su peso ?
-La que nos lleva al peso ideal en el menor tiempo ?
Y puede continuar preguntándose, dado que en el mercado de la nutrición actúan muchos, y van para cada cosa que se busque.
Pues bien, los nuevos conocimientos, sumados a los antiguos,sin menospreciar a los que abonan ingenios sumos para lograr un mejor aspecto social, nos dicen cuál es , de todas, la mejor dieta posible, pero siempre tengo en cuenta los puntos que siguen a continuación:
1.- Aquella que nos produce un real cambio en nuestro comportamiento frente a la ingesta, la que nos hace reconocer el aforismo hipocrático "que el alimento sea tu medicina y tu medicina el alimento", lo que nos remonta a las épocas previas a la llegada de Jesús. Nada milagroso, sino implica un cambio de actitud frente a la alimentación personal.

2.- Lo más "sano" es decir, con alimentos no procesados, sin aditivos , y cultivados a la vieja usanza, sin pesticidas. O lo mismo, aquellos alimentos que no contengan sustancias que el organismo no necesita, dado que significa darle una tarea al organismo mucho mayor que la que requiere la digestión , que no es simple. Un trabajo adicional puede resultar no solamente incómodo, sino a veces acumular esas sustancias en el medio y en la grasa corporal, lo que puede llegar a afectarlo.Y si ya tiene alguna afección, tener en cuenta estas pocas cosas pueden resultarle en una buena y franca mejoría (pruebe y observe los resultados)

3.-La que contenga más vegetales crudos o hervidos simplemente al vapor, en lo posible sin carnes rojas. Puede dudarlo, pero no lo comprenderá si no lo prueba.

4.-Balanceada en cuanto a proteínas y lípidos (estas mejor de origen vegetal y especialmente oliva).

5.-Distribuya bien a lo largo del día, acostumbre a su organismo a lo que le pide, la comida es necesaria y puede ser placentera, pero moderada.Igualmente, sea moderado en la ingesta de alcohol, un poco de buen vino en las comidas es agradable y bueno para la digestión (un poco, sólo un poco). Si lo que busca es bajar de peso, consulte a un especialista para que regule su máxima ingesta diaria.

6.-Mastique bien, sin apuro, hágalo con tranquilidad.

7.-Trate de bajar sus tensiones, disfrute con actividades físicas fuera de su trabajo diario. Sonría más, haga tiempo para sus afectos, para sus relaciones cercanas. No cargue con la mochila de preocupaciones laborales fuera de él, ni cargue las ajenas, sólo ayude a acomodarlas. Usted ya tiene suficiente con tener a cargo su propio cuerpo. "Mens sana in corpore sano" no es una simple metáfora, y más aún, si es religioso, trate de que su cuerpo sea un santuario (en ambos casos es lo mismo) .

8.-Evite las tensiones inútiles, despreocúpese de lo que no está en Ud. solucionar, no juzgue, no se enoje. Trate de ser feliz a pesar de que le muestren que este mundo no es agradable, hay buena gente, encuéntrela.

En definitiva, si a sus alimentos los elige bien, y le agrega estos condimentos, nada caros, pero de gran valor a la hora de la responsabilidad de manejar su propio cuerpo, verá que los resultados que busca los tendrá, no lo dude. Pruebe primero, discuta luego si no es lo que realmente buena.

Dr.Néstor M.Aragón. Octubre de 2015.

LOS EJES TEÓRICOS DE LA NUEVA MEDICINA

1.-OBJETO DE ESTUDIO: EL SER HUMANO EN RELACIÓN, LAS RELACIONES, ALIMENTACIÓN Y ENTORNO.

2.-EL SER HUMANO COMO SISTEMA ABIERTO EN EQUILIBRIO INESTABLE EN RELACIÓN Y PARTE DE SISTEMAS MÁS AMPLIOS. (ser humano completo sin artificios y en relación)

3.-NUEVOS CONOCIMIENTOS DEL FUNCIONAMIENTO DE LA NATURALEZA DE LA VIDA, INCORPORACIÓN DE NUEVOS CONOCIMIENTOS EN FÍSICA, QUÍMICA Y BIOLOGÍA HUMANA.

4.- ENFERMEDAD COMO SEÑAL DE CAMBIO (nueva visión de acuerdo a la naturaleza de la vida)

5.- CAMBIOS EN LA ENFERMEDAD, CON VARIABLES EXTERNAS E INTERNAS, CON CAMBIOS ESPECÍFICOS EN EL MEDIO EXTRACELULAR.

6.- TRIADA AGENTE-HUÉSPED-MEDIO AMBIENTE, CON ÉNFASIS CENTRAL EN EL HUÉSPED.

7.-TERAPÉUTICA SISTÉMICA, donde la química es un elemento más del proceso terapéutico.

8.-PROCESO DE LAS ENFERMEDADES Y SU TERAPIA.

9.- LAS DOSIS Y MANEJO TERAPÉUTICO DE LAS ENERGÍAS SUELEN SER MÁS EFICACES A MENORES DOSIS (derivado del manejo que hace de la misma la naturaleza viva y como sistema) Al contrario del pensamiento lógico lineal.

10.-LA IMPORTANCIA DEL MEDIO EXTRACELULAR Y SU ROL EN EL MANTENIMIENTO DE LA SALUD Y EN LA ENFERMEDAD.

11.-ENMARCADO EN EL PENSAMIENTO COMPLEJO (teoría de sistemas, información y cibernética, sumando la pragmática del lenguaje)

12.-AGREGA, NO QUITA: NO SE ABANDONA LA MEDICINA FLEXNERIANA, SE AMPLÍA EL OBJETO DE ESTUDIO Y SE TIENE UNA VISIÓN MÁS AMPLIA DE LOS PROCESOS DE SALUD Y ENFERMEDAD.-

BIBLIOGRAFÍA:

1.- Salvador Minuchin: Técnicas de Terapia Familiar, Ed.Paidós, 1988.

2.- Milton Erickson: "Mi Voz Irá Contigo",Ed.Sidney Rosen 1982 y Michelle Ritterman."Empleo de Hipnosis en Terapia Familiar[,Amorrortu Editores,1988- Daniel López Rosette: "Emoción y Sentimientos",Ed,Planeta,2017.-

3.-Revista Cubana de Plantas Medicinales. Universidad de Ciencias Médicas de la Habana,Cuba- Boletín Latinoamericano y del Caribe de Plantas Medicinales y Aromáticas,Universidad de Santiago de Chile, Medicina Natural y Tradicional, public OPS-OMS.

4.-James L.Oschmann: "Medicina Energética:La Base Científica", capit.El Entorno Electromagnético", cap.14.,sus efectos biológicos, p. 177 a 195.-

LA NUEVA VISIÓN DE LA MEDICINA.

Este modo de ver al objeto de la medicina, el ser humano como sistema complejo abierto, y que abarca tanto cuerpo, mente y espíritu que se separó al principio como una metodología de estudio y luego se derivó en una separación de los conocimientos, pasando la psiquiatría y la psicología a ser un campo distinto y la religión otro, todos comprendidos dentro del pensamiento lineal, implica varios desafíos:

- El rol profesional y los claustros de enseñanza deben cambiar, y aplicar el pensamiento lineal y empírico para las funciones corporales, pero sabiendo que solamente conforman una parte del ser humano, como comenzar a aprender la aplicación del pensamiento sistémico de la complejidad para poder comprender el resto de los que somos, lo cual implica un desafío importante . En la Universidad Nacional de Rosario este año ha comenzado el dictado de una Maestría en Pensamiento Sistémico para post-gradados, buena señal del interés en lo nuevo, pero se debería pensar que los estudiantes deben formarse con los nuevos conocimientos, y la complejidad de lo que somos los seres vivos y la naturaleza donde nos toca, es uno de ellos.

: *Introducir terapias que aparecen como no convencionales, salvo las pocas que han podido integrarse como la magnetoterapia, luego de demostrar su eficacia (1), otras terapias físicas y las intervenciones terapéuticas derivadas de la terapia familiar, especialmente la sistémica, las que solamente conocen de su eficacia aquellos que la practican, donde el arte y la técnica se funden para su aplicación, pueden llevar a muchos acostumbrados al pensamiento lineal de la enseñanza actual, a dudar de su eficacia y confundir estas prácticas con los cuerpos dogmáticos y teóricos de las medicina alternativas como las arriba mencionadas.*

La aplicación de técnicas derivadas de la terapia familiar sistémica e integracional (2) puede verse a veces ,como actos de magia o de otra índole , dado que no es asible con el pensamiento lineal, y sobretodo, cuando se aplica en el marco de los mitos y las creencias de las personas, su modo de contruir la realidad. Muchas de éstas son utilizadas actualmente por ciertas formas alternativas de la medicina, y lo que difiere de éstas es el marco teórico. En terapia familiar se aplica con el pensamiento sistémico , en las alternativas se utilizan bajo un cuerpo dogmático, donde los resultdos prácticos pueden ser eficaces, sin que ello obste comprender que los dogms funcionan , sino las técnicas en sí mismas.

: *Entendemos que los conocimientos son no tan nuevos, pero sí profusos, complejos por lo que requiere una mayor formación y como si fuese poco, en la incertidumbre de la complejidad. O se dividen los mismos con el riesgo de que esa separación implique nuevamente un desconocimiento del todo del ser y las relaciones en las que se encuentra inmerso.*

- Mucho se ha hablado acerca de la ausencia de una metodología investigativa eficaz en el ámbito de la psicología, e incluso algunos dejándola fuera de la ciencia, y esta incertidumbre formará parte del campo médico, donde hemos remarcado la necesidad de diseñar nuevas metodologías de estudio e investigación. Merece ser tenido en cuenta que la terapia familiar,, que se aplica en el segundo nivel de las relaciones, por lo general, aunque impacta en la mente individual sin duda alguna, no solamente toma el pensamiento sistémico sino también partes de su origen está en el constructivismo y la pragmática de la comunicación.

- Culturalmente, y corresponde aquí al tercer nivel, todos estamos pendientes de la terapéutica farmacológica, más allá de la cirugía , las intervenciones traumatológicas , transplantes y la terapia intensiva. Revertir las pautas culturales, campo probado con éxito por la terapia familiar a nivel individual y grupal familiar, es decir el primer y segundo nivel , las pautas culturales están fuera del dominio del campo médico y ello va más allá de un simple desafío, por lo que es el aspecto más crucial a tener en cuenta.

En todos los campos ,al cual no escapa la salud, se encuentra el ser social, requiriendo el estudio y evaluación de los factores educacionales, culturales y sociales (económicos, políticos, medio-ambientales, etc.). en qué grado y proporción intervienen en los problemas y la infinita variedad de combinaciones posibles, hace necesaria la integralidad, encarar su estudio bajo la forma de "problemas" y su necesario enfoque sistémico y posterior planificación estratégica para su tratamiento. A fin de ser breves, observamos que el análisis de los problemas va a depender del ámbito particular en que se realice, con las limitaciones dadas a su

*resolución, pero sin perder de vista el objetivo del crecimiento y
desarrollo del ser humano.(3)*

*Quizás sea necesario, como lo menciona Claudio Naranjo (4),
una vuelta hacia la unificación de los conocimientos, a la antigua
manera (sumando los nuevos conocimientos), donde se fundían la
educación, la psicología y la religión con este objeto final.
Citándolo textualmente:*

*"Hemos considerado la psicoterapia y la educación como
compuestas de dos intentos contrapuestos: uno dirigido hacia la
socialización y el otro hacia la liberación del individuo de los males
de su cultura. De manera similar, en la religión encontramos una
discrepancia entre la Búsqueda Única y el intento de adoctrinar a la
gente conforme a un modelo cultural dado, mediante el mieo al
infierno y la esperanza en el cielo. Lo alejada que la religión está
hoy día de cumplir la función que pretende servir se puede ver en el
hecho de que a pesar de la convergencia de sus metas con la
psicoterapia, ningún pasaje de la investigación psicológica ha
establecido una correlación positiva entre la "religiosidad" y el
bienestar, el humanitarismo o la cordura. A la vista de esto
podríamos considerar la eliminación del término "religión"para
designar lo que se considera corrientemente un tema religioso, o,
sino, restringir el término a las formas culturales degradadas del
fenómeno y no aplicarlo al hablar del crecimiento. Sin embargo, si
hiciéramos esto, deberíamos hacer lo mismo con los términos
"educación" y "psicoterapia"....... las tres persiguen, y al mismo
tiempo evitan la meta única del crecimiento humano. En la medida
que sirven al único Dios, son una; en la medida que sirven al César,
son especialidades............el conocimiento destinado a ser vivido, se
ha transformado en un sustituto de la vida en un mito, la fe o el*

intelectualismo; en otras palabras, se ha producido un abandono de
las fuentes que da sentido a las formas y a las técnicas.".

Esto permite por un lado conocer las limitaciones y las posibilidades de acción sobre los problemas, y cuál es el compromiso social del rol profesional, dependiendo del paradigma sobre el que trabaja. Debemos tener en cuenta también, el contexto cultural, como lo expresamos, ante la confusión marcada en la búsqueda de respuestas a los que la medicina actual no posee: el camino oficial puede ser ,en el caso ,la psiquiatría , la neurología, no accesible a todos; el camino alternativo está dado hoy por múltiples ofertas: curanderos, parapsicólogos, ayudadores espirituales mediados por la religión, y los caminos religiosos de diversa índole. Ante tanta imposición cultural, un nuevo camino es de difícil imposición, tanto por la cultura como por la complejidad intrínseca del conocimiento, a lo que se suma, sin duda, la carencia de apoyo económico por obvias razones. A pesar de ello, persistimos en el juego y la búsqueda permanente, aunque lenta y pausada, de la vía facilitadora que logre los mayores resultados en términos de biestar y economía.

No podemos soslayar el remanido tema de la industrialización, y desde su origen, con la introducción de los químicos inexistentes en la naturaleza hasta cada momento de su aparición. Como tampoco dejar de lado la intensa lucha sostenida entre la antinomia estéril entre civilización y barbarie, o entre hoy, los avanzados de las industrias con argumentos poco felices y los denostados "ecologistas retrógrados"o como se los quiera denominar. Remarcamos aquí el serio problema que no se quiere ver: por un lado, que los químicos son los productores o promotores indudables en el ascenso de las tasas de cáncer, y de todas las afecciones crónicas en general ,como

*las nuevas formas de patología que hoy se las sabe rotular,
subclasificar, pero se intenta ignorar su real origen, y que los
monopolios de la industria y la agroindustria pretenden escamotear
al público con abundante publicidad, con cooptación de
profesionales, intervenciones en los estamentos de control político y
una manojo de recursos utilizados desde los primeros problemas
con el plomo, el asbesto, el amianto, y otros de la primera
revolución industrial, no quita que la medicina tome en serio la
profesión, y la salud pública sea realmente lo que corresponde a su
clara definición.Conforma parte de su juramento.*

*Para finalizar, quien escribe, profesional retirado , desahuciado
por la medicina flexneriana luego de una insuficiencia renal grado
III y diabetes II, hipertenso, hoy se encuentra con escasa
medicación, con exámenes complementarios de laboratorio
normales, gracias a la aplicación de estos nuevos conocimientos.
Un ahijado de 53 años con nueve años de padecimiento de una
artritis crónica seronegativa con ruptura de ligamentos (aquiliano
el último), hoy goza de buena salud y laboratorio normal, luego de 4
semanas dettratamietno y 2 años con buena salud.. Pacientes
pequeños que pudo solucionar sin medicación,padeciendo
enuresis,encopresis,verrugas diseminadas, con la aplicación de
técnicas derivadas de la terapia familiar sistémica, con pocas
semanas de tratamiento. Posibilidades existen , investigaciones
científicas poco y nada, pero el nuevo campo del pensamiento
sistémico desafía a la ciencia que ha venido aplicando el
pensamiento lineal positivista, incluso con la posición popperiana, a
investigar desde una nueva visión del ser humano. Pocas evidencias
científicamente inválidas, pero marcadamente sugestivas.*

Creemos conveniente dejar aquí, en razón de que la nueva Terapéutica del ser humano requiere de una mayor extensión a los fines de comprender las amplias posibilidades que este enfoque presenta para la profesión médica y para los pacientes, especialmente los crónicos, quienes son los más pacientes, qué duda cabe, y para aquellos que pueden ver con escepticismo este nuevo modo de ver el arte de curar con más recursos, mejor resultado costo-beneficio, mejores soluciones prácticas, complejo, desafiante, sí, pero necesario si se pretende avanzar en el conocimiento del campo profesional. Quizás el problema más serio sea el peso de la cultura, que poco y nada invita a los cambios radicales.

NOTA: Esto es un compendio lo más breve posible del pensamiento bajo la óptica sistémica. El ser humano como parte de la vida , y relacionado con los otros seres humanos con los que se relaciona, con la tierra que pisa y de lo que se alimenta, con los otros seres vivos y la naturaleza toda en su complejidad. El intento de abarcar lo más posible de los conocimientos e integrarlo a la medicina no deja de constituirse en una pretensión ambiciosa, pero siembra la inquietud de abrir mayores campos para la mejoría y mejor salud de aquellos sufrientes que necesitan y esperan mejores resultados que los logrados hasta ahora; y tenemos la profunda convicción de que ello es posible, factible, y muchos podrán ver como una aventura hacia adelante. La conformación de una metodología de investigación adecuada a los sistemas complejos para su estudio es el factor que germina de a poco, pero no dudamos se logrará. Indicios seguros existen, desde las relaciones humanas, desde la sociología, falta el ser humano como individuo, pero sabiéndolo inseparable del amplio campo complejo de la naturaleza. En fin, para conCLuir, este libro está destinado a dar a conocer que otro modo de estudiar a los seres humanos es posible, se da aquí solamente un resumen de amplios conocimientos, pero destinado a dar a conocer esta posiblidad abierta y compleja, pero que simplifica a la vez el arte de curar. Para quienes tengan interés en Mayores datos, está la bibliografía, y, por supuesto, los orígenes de donde provienen los mismos y asimismo, requiere de una metodología de su estudio. Con el propósito de motivar a los profesionales de la medicina.

————————— o —————————

BIBLIOGRAFÍA:

1.-Basset C.A.L.,1995:"bioelectromagnetics in the service of medicina;In:BINCK,m(ED.) "Electromagnetic fields: biological interaccions y mechanisms. Advances in Chemistry Serie 250. American Chemical SOCIETY, Washington DC, ch 14,p.261-275.

2.-Resumen T I y II y Seminarios, Curso de Terapia Familiar Integracional, Bs.As, Dr. Marcos Bernstein, Director Primera Escuela Argentina de Terapia Familiar Integracional1989-1990

3.-Ver. Def. De Desarrollo en cap. Def. Objeto de Estudio.

4.-Claudio Naranjo: "Hacia una Metodología Comparada de los Caminos de Crecimiento: La única Búsqueda.Ed.Sirio, 1989.

NÉSTOR MANUEL ARAGÓN, 25 DE MARZO DE 2018.-

ANTECEDENTES:

Médico ,egresado Fac,Med.Rosario, U.N.L. 02/07/ 1973

Médico, Pediatra, Neonatólogo , retirado.

Reingreso como medico general en Córdoba en 2017,Mat.J-40561/4.

Cursado de Maestria en Salud Pública, Fac.Medicina, Corrientes.1992-93-94,AdministraciónSanitaria,Administración Hospitalaria.

Cursado de Terapia Familiar Integracional, Buenos Aires,Dr.Marcos Bernstein. Primera Escuela Argentina de Terapia Familiar (1989-1990).(Terapeuta Familiar)

Cursado de Especialización en Violencia Familiar 1999-2000, Asociación Argentina de Prevención en Violencia Familiar.

Ex-Primer Director Asociado de la Región III Litoral, 1981-1984, de la Sociedad Argentina de Pediatría.

Ex Presidente de la Filial Reconquista de la Sociedad Argentina de Pediatría.1984-87

Ex Miembro Asociado de la Academia Americana de Pediatría 1987-88-89.

D.N.I. 6065199, domicilio actual E.Alippi 79,Huerta Grande,Córdoba,Argentina.

Mail : dr.nestor.m.aragon@gmail.com

Página web. www.lanuevamedicina.com

Una incursión que expone la incorporación de los nuevos avances en los conocimientos de la física, la química, la biología, la cibernética, la teoría general de los sistemas, el conocimiento de las propiedades generales de la matriz extracelular, el tejido adiposo como sistema hormonal y la extensa red neurovegetativa que incursiona la matriz y otras sustancias y propiedades claves, abren el campo al conocimiento de los profesionales de la salud hacia el sistema complejo abierto en contexto como objeto de estudio médico, y con las relaciones propias sin las cuales los seres humanos no podríamos vivir. La naturaleza, ha construido sistemas complejos a lo largo de la existencia de la vida, y produciendo lazos conexos interdependientes, y es la comprensión de estos espacios (ecosistemas) lo que ha permitido la permanencia inestable de la vida de los seres vivos. El conocimiento de que las relaciones, los conductas, comportamientos, el medio ambiente, los alimentos, y todo lo que penetra en los seres, forma parte inseparable del mantenimiento normal de la vida y que la perturbación de éstos hace a los procesos de enfermedad. En resumen, los nuevos avances permiten avizorar un nuevo modo de ver y evitar las afecciones crónicas, de un modo más natural, simple, con menos daños al organismo, y permiten incluso salir de las mismas y comprender que los años no son los que traen los problemas de salud, sino que es la acumulación progresiva de sustancias que el organismo agotado elimina muy poco o ya no puede hacerlo.Texto de comprensión, para reflexionar y dar paso a una nueva visión del arte de curar, destinado a los profesionales inquietos y a aquellos que, aún sin serlo, pueda interesarles.

El autor,Néstor Manuel Aragón, médico pediatra-sanitarista retirado,, y obligado a superar los efectos de una hipertensión arterial crónica severa, insuficiencia renal grado III y diabetes tipo II, y cuyos conocimientos le han permitido ,luego de cuatro años de estudio, andar mejor en la vida y superar estos problemas. Que todos puedan saber que otro modo de ver al hombre hace posible recuperar la salud perdida.

www.ingramcontent.com/pod-product-compliance
Lightning Source LLC
Chambersburg PA
CBHW051637050426
42443CB00025B/401

www.ingramcontent.com/pod-product-compliance
Lightning Source LLC
Chambersburg PA
CBHW071640050426
42443CB00026B/789

Como Explicar a Ciência da Mente

to give tangible form to those great spiritual truths that have been, and ever shall be humanity's most precious heritage."

That is my purpose in retelling the Sodom and Gomorrah narrative. It is tremendously helpful for Western readers to take a new look at these events from a Near Eastern view, thereby gaining a fresh and clearer picture of what Scripture is telling us. Reading it only on a surface level makes God look foolish because God did not know for sure what was taking place in these cities and was wanting to confirm the report of the people's wickedness. God also appears unmerciful by destroying the men, women, and children of Sodom and Gomorrah and turning Lot's wife into a pillar of salt. And, finally, the reader may not perceive the real crimes of the Sodomites.

Many interpreters of Scripture have misused and condemned certain classes of people based on their own misguided and incorrect perceptions of this narrative. This writing is intended to carry the reader back into the ancient Near Eastern Semitic world of those times. The interpretation in this book is based on early Aramaic speaking Church fathers and writers who understood how the appearances of God and angels came to Abraham and to Lot with guidance and cautions about things ready to happen. And that is the key to unlock and clarify the crimes and destruction of Sodom and Gomorrah.[2]

May the reader find relief from any condemnation or misperception concerning the biblical story. It is good to know that God doesn't turn people into rock-salt or any other fantastic, incredible form contrary to nature. Nor does God destroy cities with their children and populace. God doesn't have to do any of this nor did God ever commit such

---

[2]In the Aramaic Peshitta text the city of Gomorrah is written Amorrah.

atrocities. It is we humans who think God kills and destroys, but it is misguided humankind that is in the habit of destroying countries and their citizens. So now let us begin our new look into the story of Sodom and Gomorrah.

CHAPTER ONE

Abraham and the Coming Disaster

THE ONSET: Abraham was a Hebrew and a semi-nomad, never really settling down anywhere but constantly on the move, taking care of his livestock and looking after the needs of his people who were with him. At this time he traveled between Shechem in the north country and Hebron in the south, feeding his large flocks and seeking new wells and grazing rights from the native tribal desert dwellers.

While Abraham was at Mamre, near Hebron, he pitched his tent. As an emir, a Near Eastern petty ruler, he was the head of a large tribe; therefore, when he was traveling, especially with his entire tribe, other tribal rulers, princes, high officials, and noblemen of various territories would show respect for his presence and would naturally honor him.

Now he was settled down for only a short while near the oak of Mamre. During the very hot afternoons, Abraham would take his rest just as most other desert dwellers were doing. It was too hot to be out in the sun, so he decided to rest under the shadow of the canopy entrance to his tent. It was a perfect place to sit, relax, watch for any strangers who may come by, and to nap if need be while waiting for the day to cool.

At this moment of repose Abraham was undoubtedly pondering what was happening to his nephew, Lot, who had decided to depart from his dear uncle and live in the dangerous vicinity of Sodom.[3] The region had a rich soil

---

[3]It was dangerous because the citizens of Sodom were noted for their xenophobic attitudes. Scripture informs us that the men of Sodom were exceedingly wicked and sinners in the presence of the Lord. See Genesis 13:13. But the land was extremely fertile and rich and it attracted Lot and his people.

and plenty of grazing material for his flocks of sheep, goats, and other livestock. Furthermore, Lot's clan and their flocks had doubled and tripled while living with his uncle. But they were not happy under the leadership of Abraham's shepherds. They were continually quarreling over water rights and fields, and they wanted their own freedom.

This was the usual case when tribal families increased in number. They would split off from the main group and form a new tribe. So Lot departed and prospered in the area and fields around Sodom, and he also had purchased a house in the town of Sodom. However, the townspeople evidently weren't too pleased with this prospering Hebrew in their midst.

And as Abraham was thinking about his nephew Lot, he fell asleep. He was concerned also about Lot's family because he had heard that there had been some increase with the tremors and quakes in the region of Sodom and Gomorrah. Slowly but surely the heat of the afternoon made him drowsy, and Abraham began nodding off into the domain of dreams and images that only the inner heart and mind can provide. But instead of just falling into normal sleep, he fell into an ecstatic state while dozing.

Scripture informs us that "... *the Lord revealed himself to him at the oak of Mamre as he was sitting at the entrance of his tent during the heat of the day.*"[4] The Aramaic word *eth-glee* is in the past tense and means "revealed, appeared, came by revelation." When this word is used pertaining to the appearance of God or angels, it means the person who is receiving the divine presences is in a trance or dream state.

---

[4]Genesis 18:1, Eastern Aramaic Peshitta text, Errico translation.

THE PROPHETIC DREAM. While Abraham was sleeping, in his dream/vision he happened to look up, and all of a sudden, he sees three noblemen standing a little distance from him. He thought they were the chiefs of some of the neighboring tribes who had come to visit with him. After all, this unannounced visitation was a common practice among tribal, desert emirs.

So Abraham ran to greet them. He bowed toward the ground and offered them typical Near Eastern hospitality, which is usually extended by one tribal chieftain to another. In a humble and servant-like tone of voice, Abraham addressed the chief lord, although it was understood that his invitation was for all three of them:

"If I have found favor and mercy in your sight, do not continue on your journey without first remaining but a little while with me. My people will bring a little water to wash your feet and everyone may rest under the shade of the tree.

Partake a morsel of food and sustain your hearts;
after that you may go on your way, since you have
come to your servant."

And after urging them at least seven times to remain a little while with him, they consented.

Sarah's and Abraham's servants quickly began making preparations to entertain the three guests, not knowing who they were. After washing their feet, and according to custom, they spread a large cloth or rug on the ground with trays of various foods and of course the most excellent dish of buttermilk, that is, yogurt.

Now that the guests were well taken care of, Sarah remained close by just behind the tent door as the men conversed with one another. The principal lord among them spoke first and inquired of Sarah's whereabouts. Abraham told him that she was still in the tent.

Then this main lord said in a wise and commanding tone of voice: *"I will certainly return to you at this time next year, and lo, Sarah your wife will be with child and she will have a son."*

Sarah heard this pronouncement while she was at the door of the tent and she laughed within herself and thought: *"After I am grown old will I renew my youth, and my husband also is too old."*

The lord knew right away that Sarah doubted and laughed within herself, but he repeated his prophecy concerning a male child. Sarah felt embarrassed and somewhat fearful and said: *"I did not laugh."* But the main chieftain quickly responded to her denial and in a good hearted manner told her: *"No, but you did laugh."*

Then all of a sudden the mood changed, and the ambience became tense. The men quickly rose up from their seated positions and looked toward Sodom. It was time to go and fulfill their basic mission. They had spent too much time with Abraham's hospitality. Typically, and according to Near Eastern custom, Abraham accompanied them for a few miles and showed them the direct route to Sodom.

A PLEA FOR SODOM AND GOMORRAH. We must always keep in mind that what we are reading is a dream/vision. This next section of Abraham's experience must be understood in the context of the dream, especially the conversation between Abraham and the tribal chief. God is coming to Abraham disguised as a great emir, and traveling with him are two messengers. So Abraham speaks to him as one would speak to another emir, with all the common Eastern Semitic courtesy.

The Lord God is thinking to himself: *"Will I hide from my servant Abraham the thing that I am going to do, seeing that Abraham will surely* *become a great and mighty nation and all the nations of the earth will be blessed through him? Because I know him well, and that he will command his children and his household after him, to keep the ways of the Lord, **to do justice** and **righteousness,** for the Lord will fulfill for Abraham the thing that he has spoken concerning him. Because the cry of Sodom and Gomorrah has come before me and their sins are very grievous, I will go down now and see whether they have done altogether according to their cry that has come before me; and if not, I will know."*

After thinking these matters over, the two messengers departed from both the chieftain and Abraham and went toward Sodom. But Abraham remained behind to talk with the Lord God, who appeared to him as another tribal lord.

Abraham very cautiously approached the great emir and asked with a bowed head: *"Will you in your anger destroy those who are just with those who are unjust? Suppose there are fifty who are just within the city; will you in your anger destroy it, and not spare the place for the sake of the fifty just who are in it? Far be it from you to do such a thing as this, to slay the innocent with the guilty, far be it from you, O you who are Judge of the whole earth! Such a judgement should never be carried out."*

The Lord God quickly thinks it over and replies: *"If I find fifty who are just within the city I will not destroy it for the sake of the just. I will spare the whole country for their sake."*

Being a just man, Abraham approached the Lord once again, and in a guarded but clear request says: *"Behold I have ventured to speak before the Lord, and yet I am but dust and ashes;*[5]

---

[5]"I am but dust and ashes" is a Semitic humbling of oneself before requesting something of a great dignitary, high official, or ruler. In this case it is before the Lord God as a great chieftain. In other words, the petitioner is unworthy of even asking the favor. It is an

Suppose there shall lack five of the fifty just; Will you destroy the whole city for the lack of five men?"

And the Lord God answered: *"If there are forty-five in it, I will not destroy it!"*

Abraham, with faith in his heart and strength in his voice, kept pleading with the Lord: *"Suppose there will be found only forty?"*

And the Lord replied, *"I will not destroy it, if I find there only forty."*

Abraham once again dared to beg for more compassion: *"Oh let not the Lord be displeased and I will speak, Suppose there will be only thirty found there?"*

And he said: *"I will not destroy it, if I find only thirty there."*

Daring again to see if the Lord of mercy will

extremely polite formality not meant to be taken literally.

17

alter his thinking: *"Behold, I have ventured to speak before the Lord; suppose there are only twenty?"*

Again the Lord replies: *"If there only be twenty there, I will not destroy it."*

With one more and final plea, Abraham declares: *"Oh, let not the Lord be displeased, and I will speak only once more: suppose ten will be found there?"*

And the Lord joyfully answered: *"I will not destroy it for the sake of ten."*

The Lord immediately left and Abraham returned to his tent. The Lord God agreed with him that for merely ten just people he would spare the entire country. The episode ends here and Abraham's vision is over. He awakens from his trance state and knows the end has come for Sodom and Gomorrah. But his nephew and family must be warned and flee for their lives.

UNDERSTANDING THE VISION. What are we to learn from this vision? What both Abraham and God are looking for is justice in these cities. The lack of true justice was the major crime of Sodom and Gomorrah. There were crimes of injustices, including greed, unethical business practices, unfair governmental rule, mistreatment of people, and not welcoming strangers. The plea was for at least ten upright persons living in Sodom. But there were none. At least this is what the biblical writer believes is the reason for the catastrophe in these cities.

To have such a tragedy take place, there must have been overwhelming injustices, unrighteousness, and inordinate crimes that bring a city or state down the road of destruction. But the story does not end here. We need to see how Lot, Abraham's nephew, is coming to grips with the impending disaster. After all, Lot is a just and righteous person. Does he know of the terrible disaster about to happen?

CHAPTER TWO

Lot and the Impending Catastrophe

LOT'S DREAM. What I am about to relate is Lot's dream of the coming disaster. In the Near Eastern culture, dreams, premonitions, and night visions play an important role in the lives of the people. The scripture does not tell us that this is a vision or dream. It begins immediately to relate the dream. We must keep in mind that all appearances of God and of angels (heavenly messengers) took place in an altered state of consciousness—that is, in a trance ecstatic state of mind, or while simply sleeping.

Lot is upon his bed, and in his dream he sees two messengers—that is, two men who were heavenly messengers. They had no wings; they looked just like two ordinary Near Eastern males. They were hooded and stood very erect, giving the feeling that they towered over you. They approached the city gates of Sodom in the evening time, where Lot was sitting nearby. The moment Lot's eyes fell upon the two strangers, he rose up quickly to greet them and in typical Semitic Near Eastern hospitality, he bowed with his face toward the ground.

Now with great warmth in his tone of voice, Lot cheerfully says: *"My lords, turn aside, I beg you, into your servant's house and spend the night and wash your feet; Then rise up early in the morning and go on your way."*

They replied: *"No, we will spend the night in the street."*[6]

But Lot did not pay attention to their refusal of hospitality. He kept on urging them to come

---

[6]The invitation was refused because this was common practice to refuse immediate hospitality. You must wait to see how much the host wants you to come and stay with him.

home with him no less than seven times, and during that time of continual urging, they would be refusing his cordial pleadings. It would go something like this. The manner of speech would be intimate and unreserved. Lot would tell the two that he would not be able to return home without them. They would reply that it would be better for them to remain in the city streets.

He would then say: *"Be good enough to come with me and enter my humble abode. It is a blessing to have you under our roof; your presence makes our day doubly sacred and three times happier."*

Lot would continue in this manner until he had throughly convinced them of his good intention, and after this constant urging, they would go with him happily, having been vanquished by such a wonderful host. This is what is meant by the biblical author when he writes "and Lot greatly urged them."

The strangers entered his house and he made them a feast, baking unleavened cakes. They ate and were greatly satisfied. But as soon as they finished having supper, and before they could retire, there was a commotion outside Lot's house. The men of Sodom had gathered and surrounded the home and the scripture adds: *"Both young and old, all the people of the town."*[7]

The riotous group called out to Lot and said to him: *"Where are the men who came to you tonight? Bring them out to us that we may know them."*[8]

---

[7]The biblical phrase "both young and old, all the people of the town" is no doubt a scribe's additional note to the dream. He is exaggerating the amount of people. The entire townspeople were not outside Lot's house. Probably a large group of young and older men were gathered outside. They were undoubtedly drunk and riotous.

[8]"To know them" is a Semitic idiom meaning to be carnally engaged with them. These heterosexual men wanted to rape the two messengers. This band of

Lot, of course, was horrified at such a demand and told them in a reprehensible manner: *"I pray you my brothers, do not do so wickedly. Look here now, I have two daughters who have not known man; let me bring them out to you, and do to them whatever you please; only to these men do nothing; for they have come under the protection of my roof."*[9]

The men responded angrily *"Get away. This fellow came to sojourn among us, and now he tries*

---

uncontrollable men wanted to humiliate, subordinate, and dominate the two visiting guests. What the dream reveals is the characteristics and behavior of the Sodomites. They were brutal and heartless in their dealings with strangers.

[9]Lot's thought of surrendering his two daughters to the mob of men is reprehensible to our ways of thinking, but in the Near East such a proposal would not be considered bad because his two guests must be protected. Even his daughters would do anything to protect their guests, and women would sacrifice themselves for their men. But one must keep in mind that this is a dream. None of this actually happened.

to judge us; and now we will deal worse with you than with them."

Lot fought with them, trying to hold them back. But the men began to prevail and approached the door in order to break it down. Then suddenly and without warning the door swung open, surprising the frenzied band of men, and they drew back. The two male guests reached out with their hands and quickly pulled Lot into the house and locked the door behind them. Then they immediately smote the men outside with blindness, from the least to the greatest, so that they became tired trying vainly to find the door.

The two guests said to Lot with some reproach in their tone of voice: *"What are you doing in this place?"*

Lot knew what they meant. His was not the same kind of nature as many of these people in Sodom—that is, unjust, oppressive, and murderous xenophobes. Now with a strong warning in their voices, they said: *"Listen carefully, your sons, your sons-in-law, your daughters, and whatsoever you have in this city, take them out of this place; For we will destroy this place because **the cry of the oppressed** has come before the Lord; and the Lord has sent us to destroy it."*[10]

In his dream/vision, Lot went out of the house and spoke to his sons-in-law who married his daughters, and told them: *"Arise and get out of this place; for the Lord will destroy it."* But his sons-in-law thought he was joking.

When the morning dawned, the messengers urged Lot, saying: *"Arise, take your wife and your two daughters who are not given in marriage, lest you be immersed in the sins of the city."* But Lot began to linger, not believing that all this was happening and so fast. The messengers took hold of his hand, the hand of his wife,

---

[10]The cry of the oppressed is the reason Sodom and Gomorrah were destroyed.

and the hands of his two daughters, because the Lord had mercy on Lot; so they took him out and set him outside the city.

Now it happened that when they had brought them out of the city, they instructed Lot: *"Now escape for your life; do not look back nor stop anywhere in the plain, but flee to the mountain lest you be consumed."*

Lot began to plead with them saying: *"I beseech you, my lords, Behold now, your servant has found mercy in your sight, and great is the favor that you have shown to me in saving my life; but I cannot escape to the mountain, lest evil over take me and I die; Behold now, this town is near to flee to, and it is a little one, O, Let me escape there, and behold, because it is a little one my life will be spared."*

One of the messengers replied to his plea: *"See, I have granted you this thing; also that I will not overthrow the city of which you have spoken Make haste and escape there, for I cannot do anything till you enter into it."* The name of the little town was called Zoar. Lot's dream ends here.

THE INTERPRETATION OF LOT'S DREAM: The messengers (angels) came specifically to warn Lot and his family of the coming disaster for the cities of Sodom and Gomorrah. In his dream Lot showed true Near Eastern Semitic hospitality by inviting them into his home. There were two of them because two is considered a complete witness of the truth that they were to foretell.

The crowds of men outside the house desiring to rape the angels, and their failure to obtain them and finally turning on Lot himself, represented the resentment that many of the town's people held against Lot. It was also a warning to Lot that they would, indeed, some day attack him. Striking the angry men with blindness and confusion meant that up to this time Lot and his family were protected while living in Sodom.

From his dream, Lot also knew that his sons-in-law would not believe or heed his warnings because the only proof he had of the impending destruction that was to fall on the city was his night vision. Of course, it would have been a challenge for them to believe their father-in-law.[11] Further instructions are given in the dream as to where Lot, his wife, and two daughters could flee for safety.

Just as soon as they left, they were told not to look back. They must not be detained or they would get caught in the eruptions, earthquakes, and exploding fire pits. The entire vision disclosed to Lot that he must

---

[11]Had this not been a night vision, Lot's sons-in-law would have heard of the miracle that the two angels performed in protecting Lot—that is, striking the men with blindness. The news would have spread like wildfire throughout the town.

make his move right away. There was no time to think matters over. He had to flee as quickly as possible to the town of Zoar. Lot would be safe there not just from the devastation that was to befall Sodom but also, since it was a small town, the people would be receptive to Lot. According to the biblical narrative, however, they did not remain there but went up into the mountain caves to dwell.

Lot's wife, wanting to see and know for sure about the catastrophe, stopped and looked back and saw the lush gardens of Sodom burning. The dense smoke and terrible sight was too much for her to bear. Her sons, daughters, sons-in-law, and daughters-in-law, and all who was her family, their homes, and everything she held in her heart, were caught in the eruptions and devastation of Sodom. Seeing such a tragedy with her own eyes was a great shock, so she suffered a terrible stroke that paralyzed her and eventually brought death.

To say that "she became a pillar of salt" is an Aramaic idiomatic expression, which means she became hard like rock salt—that is, totally stiff—and passed away. God did not do this to her; she could not take in what her eyes saw, and it brought on a stroke, heart attack, paralysis, and death. And so ends the story of Sodom and Gomorrah.

SUMMARY AND CONCLUSION

The narrative of Sodom and Gomorrah has, unfortunately, been greatly misunderstood and misinterpreted. It is not a story regarding homosexuals. It is a story about a homosexual act (anal intromission) that was about to be enacted violently and abusively to denigrate, humiliate, and disgrace Lot's visitors. The desire of the Sodomite men was to abase and mortify his guests who were messengers sent by God.

There is another similar episode recorded in the book of Judges. But this time it wasn't about the destruction of a city. The events took place in the town of Gibeah, which belonged to the Israelite tribe of Benjamin. According to the narrative, an Israelite man of the tribe of Levi was traveling with his wife and stopped in Gibeah. While waiting in the streets, they were kindly invited by an elderly man to come to his home for food, shelter, and to spend the entire night.

Now while they were dining and enjoying themselves, certain wicked Benjamite men of the city surrounded the elderly man's house. They began beating on the door, demanding the master of the house send out his Levite guest, so they might "know him," meaning to rape him. The honorable host was horrified by their demands and offered his daughter and the Levite's wife.

Now without telling the complete story, the point is that these men were not homosexuals; they were ruthless, hostile, violent men who wanted to disgrace and dishonor the stranger, the Levite, by raping him.[12] This same idea applies to the wicked men of Sodom. But both stories—that of Lot and his dream experience and the one about the traveling Levite—have

---

[12]For those who wish to read the entire narrative, see the book of Judges chapters 19-21.

been misinterpreted and misrepresented.

In returning to Lot's dream, these two godly strangers were not welcomed at the gate of the town, nor were they offered any food or shelter, being completely shunned by the townspeople. This is a deep breach in Near Eastern socially acceptable behavior and friendliness. The fact that they wanted to violate Lot's guests was a greater act than just interpreting the narrative as the sin of "inhospitality." Even under Lot's protection, they were still in danger.

All these happenings in his dream were symbolic, revealing to Lot that he must depart and leave Sodom for good. It no longer was safe for him to remain in that city. According to the storyteller, the men of Sodom were ruthless and heartless and would some day turn against their Hebrew dweller. In other words, they did not receive strangers benevolently. At least this is what the author is telling us.

We must also realize that it is the scribe who is putting the spin on this story to justify the destruction of Sodom and Gomorrah. At that time, all judgments and calamities were attributed to God. So for such terrible things to occur, these people must be exceedingly wicked. Though it was a natural catastrophe, it was seen as an act of God. This was the religious belief system of the ancient Near East. The story also teaches that if one remains open to God's guidance, one can avoid or escape dangerous situations and tragedies.[13]

---

[13]For greater clarification about the Bible and homosexuality, see Jacob Milgrom's commentary *Leviticus 17-22*, pp. 1788-1789, "How not to read the Bible." See also pp. 1785-1788, "Homosexuality: Its Biblical Misuse in the Current Debate and Who Says Homosexuality Is a Sin?" Also see *Aramaic Light on Romans through 2 Corinthians* by Rocco A. Errico and George M. Lamsa, "Gentile Idolatry and Uncleanness," pp.12-17, and "Inheriting the Kingdom," pp. 144-148.

In conclusion, the Hebrew prophet Ezekiel draws a clear picture of what happened in Sodom and Gomorrah when he said that Jerusalem had sinned like these two wicked cities: *"Behold this is the iniquity of Sodom your proud sister; She and her daughters had abundant food and lived in tranquility but she did not help the poor and needy. And they were haughty and committed evil before me; therefore when I saw these things in them I overthrew them."*[14]

The sin of Sodom and Gomorrah was about corruption, riotous living, sexual abuse (male rape of strangers), excessive pride, violence, and neglecting those in need.

---

[14]Ezekiel 16:49-50, Aramaic Peshitta text, Lamsa translation.

ABOUT THE AUTHOR
Rocco A. Errico

Dr. Rocco A. Errico is an ordained minister, international lecturer and author, spiritual counselor, and one of the nation's leading Biblical scholars working from the original Aramaic *Peshitta* texts. For ten years he studied intensively with Dr. George M. Lamsa, Th.D., (1890-1975), world-renowned Assyrian biblical scholar and translator of the *Holy Bible from the Ancient Eastern Text.* Dr. Errico is proficient in Aramaic and Hebrew exegesis, helping thousands of readers and seminar participants understand how the Semitic context of culture, language, idioms, symbolism, mystical style, psychology, and literary amplification—*Seven Keys* that unlock the Bible—are essential to understanding this ancient spiritual document.

Dr. Errico is the recipient of numerous awards and academic degrees, including a Doctorate in Philosophy from the School of Christianity in Los Angeles; a Doctorate in Divinity from St. Ephrem's Institute in Sweden; and a Doctorate in Sacred Theology from the School of Christianity in Los Angeles. In 1993, the American Apostolic University College of Seminarians awarded him a Doctorate of Letters. He also holds a special title of Teacher, Prime Exegete, *Maplana d'miltha dalaha*, among the Federation of St. Thomas Christians of the order of Antioch. In 2002, Dr. Errico was inducted into the Morehouse College Collegium of Scholars.

Dr. Errico is a featured speaker at conferences, symposia, and seminars throughout the United States, Canada, Mexico and Europe and has been a regular contributor for over 30 years to *Science of Mind Magazine*, a monthly journal founded in 1927. He began his practice as an ordained minister and pastoral counselor in the mid-1950s and during the next three decades served in churches and missions in Missouri, Texas, Mexico, and California. Throughout his public work, Dr. Errico has stressed the nonsectarian, *open* interpretation of Biblical spirituality, prying it free from 2000 years of rigid orthodoxy, which, according to his research, is founded on incorrect translations of the original Aramaic texts.

Dr. Errico established the Noohra Foundation in 1970 in San Antonio, Texas, as a non-profit, nonsectarian spiritual-educational organization devoted to helping people of all faiths to understand the Near Eastern background and Aramaic interpretation of the Bible. In 1976, he relocated the Noohra Foundation in Irvine, California, where it flourished for 17 years. The next seven years, the Noohra Foundation operated in

Santa Fe, New Mexico, and in September 2001, it relocated to Smyrna, Georgia, where Dr. Errico is Dean of Biblical Studies for Dr. Barbara King's School of Ministry, Hillside International Truth Center in Atlanta.

Under the auspices of the Noohra Foundation, Dr. Errico continues to lecture for colleges, civic groups and churches of various denominations in the United States, Canada, Mexico and Europe.

For a complimentary catalog of Aramaic Bible translations, books, CDs and DVDs, to receive mailings of classes, retreats and future publications, or for any other inquiries, please write, call, or email the Noohra Foundation. Those interested in scheduling Dr. Errico for a personal appearance may also contact:

Noohra Foundation
4480 S Cobb Dr SE Ste H-343
Smyrna, Georgia 30080 • 678-945-4006

info@noohra.com • www.noohra.com

Note: Dr. Errico presents an online class once a month. Go to www.roccoaerrico.com for further information.

In addition to this book, the Noohra Foundation is pleased to offer the following books by Dr. Rocco A. Errico and Dr. George M. Lamsa.

❖ COMMENTARIES BY DR. ERRICO & DR. LAMSA

(*NEW TESTAMENT*) Aramaic Light on the Gospel of Matthew, Aramaic Light on the Gospels of Mark and Luke, Aramaic Light on the Gospel of John, Aramaic Light on the Acts of the Apostles, Aramaic Light on Romans through 2 Corinthians, Aramaic Light on Galatians through Hebrews, Aramaic Light on James through Revelation, (*OLD TESTAMENT*) Aramaic Light on Genesis, Aramaic Light on Exodus through Deuteronomy, Aramaic Light on Joshua through 2 Chronicles, Aramaic Light on Ezra through the Song of Solomon, Aramaic Light on Isaiah, Jeremiah, and Lamentations, Aramaic Light on Ezekiel, Daniel and the Minor Prophets.

❖ BOOKS BY DR. ERRICO

LET THERE BE LIGHT: THE SEVEN KEYS

Dr. Errico presents seven key insights to understand the allusions, parables, and teachings of the Bible, opening the door to the ancient Aramaic world from which the Bible emerged.

AND THERE WAS LIGHT

Like its predecessor, *Let There Be Light*, this book unlocks puzzling passages with the Seven Keys. The Bible now becomes clearer and more relevant for Western readers, and the teaching ministry and parables of Jesus come alive as never before.

SETTING A TRAP FOR GOD: THE ARAMAIC PRAYER OF JESUS

Dr. Errico explains the meaning of the Lord's Prayer based on the Aramaic language and ancient culture of the Near East. Discover the way of peace, health, and prosperity as you learn to "set a trap" for the inexhaustible power of God.

THE MYSTERIES OF CREATION: THE GENESIS STORY

A challenging new look at the processes and mysteries of the primal creation account. Dr. Errico uses his own translation from the Aramaic-Peshitta text of Genesis 1:1-31 and 2:1-3.

THE MESSAGE OF MATTHEW: AN ANNOTATED PARALLEL ARAMAIC-ENGLISH GOSPEL OF MATTHEW

Dr. Errico's translation of the ancient Aramaic Peshitta text of Matthew with illuminating annotations. The English translation is on the left side of the page, the Aramaic text is on the right.

CLASSICAL ARAMAIC: BOOK I (with Fr. Michael Bazzi)

A beginning practical grammar in a self-teachable format that prepares you to read the New Testament in Jesus' own tongue.

❖ BOOKS BY DR. LAMSA

THE HOLY BIBLE FROM THE ANCIENT EASTERN TEXT

The entire Bible translated directly into English from Aramaic, the language of Jesus. There are approximately 12,000 major differences between this English translation and the many traditional versions of the Bible.

IDIOMS IN THE BIBLE EXPLAINED AND A KEY TO THE ORIGINAL GOSPELS (Two books in One)

Book 1 (*Idioms in the Bible Explained*) Dr. Lamsa explains nearly 1000 crucial idioms and colloquialisms of Eastern speech that will enrich reading of the Bible for student and general reader alike.

Book 2 (*A Key to the Original Gospels*) explains how the gospels were written, the reason for two different genealogies, the conflicting stories of the birth of Jesus, and more.

THE SHEPHERD OF ALL: THE TWENTY-THIRD PSALM

Based on his own personal experience as a shepherd, Dr. Lamsa interprets what many consider the most beautiful, moving and meaningful psalm in the light of Eastern biblical customs.

NEW TESTAMENT ORIGIN

Dr. Lamsa presents his theory for Aramaic as the original written language of the New Testament.

* 9 7 8 0 9 7 6 0 0 8 0 9 5 *